salzburger **AV** edition

Gerhard Amanshauser
Fahrt zur Verbotenen Stadt

Gerhard Amanshauser

Manlio Biel

SALZBURGER EDITION, Band 6
Erste Auflage 1987
© aigner-verlag, Salzburg

Printed in Austria by
NDV, Neumarkt am Wallersee

ISBN 3 900 594 058

Gerhard Amanshauser

Fahrt zur Verbotenen Stadt

Satiren und Capriccios

Titelblatt und Zeichnungen von
Monika Drioli

salzburger AV edition

INHALT

Lokalpatriotische Entwürfe

Generalsanierungsplan für Salzburg

Der erste Punkt, den der Sanierungsplan ins Auge fassen muß, ist die Rekonstruktion der Stadtmauern und der Stadttore. Dann sind ein für allemal klare Grenzen gezogen, und jeder wird erkennen, worauf es ankommt: Innerhalb der Stadtmauern das Alte und nur das Alte, außerhalb das Neue und nur das Neue.

Dieses Projekt kann freilich nur stufenweise verwirklicht werden, doch wird man sehen, wie man durch den wachsenden Erfolg von Stufe zu Stufe immer leichter empor steigt, und zwar bis zur endgültigen Ehrlichkeit, also auch bis zur Abschaffung der Elektrizität innerhalb der Mauern. Dann kann auf einmal ein jeder die einfache Wahrheit sehen: elektrische Beleuchtung ist ein Schlag ins Gesicht einer wahrhaft alten Stadt.

Was nun die Altstadtbewohner betrifft, muß man danach trachten, daß jeder „Ureinwohner" (so die offizielle Bezeichnung) eine Zweitwohnung außerhalb der Mauern, oder kurz: *fuori le mura*, besitzt. Befindet sich der Ureinwohner innerhalb der Mauern, so „arbeitet" er gleichsam („Ureinwohner" ist ein neuer Beruf), fuori le mura verbringt er seine Freizeit. Dem Ureinwohner wird vom Staat die Urbekleidung und das Inventar der Urwohnungen zur Verfügung gestellt. Seine Aufgabe ist es, unter der Leitung der Regisseure und Inspizienten, das Urleben darzustellen, das am besten aus der Zeit um 1780 (der Blütezeit Mozarts) entnommen wird. Hochbezahlte Ureinwohner sind solche, denen es gelingt, einen Urtyp besonders eindrucksvoll zu repräsentieren. So mag es geschehen, daß sich zum Beispiel hinter einem Bettler mit erschreckend zitterndem Armstumpf ein hochbezahlter Ureinwohner verbirgt. Die Pensionsberechtigung der Ureinwohner, die in Tag- und Nachtschichten arbeiten, versteht sich von selbst; ebenso die Passierscheine, die sie zum unentgeltlichen Durchschreiten der Stadttore berechtigen, wo natürlich, je vollkommener das Kunstwerk der einzig echten Altstadt auf diesem Planeten verwirklicht wird, ein zunehmendes Eintrittsgeld für Touristen eingehoben werden muß. Dabei empfiehlt es sich, ein eigenes Stadtgeld, erhältlich in Wechselstuben fuori le mura, einzuführen, also echte Theresienthaler u. dgl.

Die Touristen müssen dazu angehalten werden, sich der Würde des Orts entsprechend zu kleiden und zu verhalten, wie es angesichts des größten Universalkunstwerks der Welt erwartet werden kann. Dabei sollte aber, als Gegenleistung der Stadt, etwas berücksichtigt werden, was wir als Non-Stop-Aspekt bezeichnen wollen: Der Tourist kann meist nicht lange genug verweilen, und deshalb sollte, nach Berechnung der durchschnittlichen Verweildauer aller Touristen, eine entsprechende urbane Erlebnisdichte angesetzt werden, mit der der Tourist jederzeit rechnen kann. So fuhren etwa im Jahr 1780 relativ wenige, mit Aristokraten besetzte Prunkkutschen durch die Stadt. Hier wird sich eine Erhöhung der Kutschenfrequenz empfehlen, die es auch dem „Salzburg-in-one-hour-Touristen" ermöglicht, mindestens *eine* solche Kutsche zu sehen. Auch die Wandlungen in den Kirchen erfolgen zu selten und setzen an den Nachmittagen sogar völlig aus. Der Non-Stop-Charakter der Stadt sollte daher u.a. eine höhere Wandlungsfrequenz garantieren, wobei man ja, wenn es sich zum Beispiel um japanische Gruppen handelt, die nur kunsthistorisch oder religionsphilosophisch interessiert sind, auf Priester-Darsteller und Kurzmessen zurückgreifen kann, die das Wesentliche zusammenfassen. Für Kurzbesucher müßte auch eine Non-Stop-Festspieloper vorhanden sein. Auch diese könnte sich, wie das für Messen vorgeschlagen wurde, auf Höhepunkte beschränken. Noch ein Beispiel für viele: In jeder Schmiede sollte mindestens einmal pro Viertelstunde ein Pferd beschlagen werden. Hat man zu wenig Pferde, so kann man die Eisen öfter auswechseln als unbedingt nötig. Man erinnere sich in dieser Hinsicht an den traditionellen Salzburger Stier, der gewissermaßen als Vorbild aller Non-Stop-Produktionen gelten kann.

Kurz gesagt: alles, was von den Touristen gesehen, gehört, ertastet und gerochen wird, muß reinstes Milieu und reinste Atmosphäre einer Residenz des 18. Jahrhunderts sein, wobei aber die Schläfrigkeit, die jeden, insbesondere den damaligen Alltag charakterisiert, durch eine gewisse Zeitraffung, die der Kürze des durchschnittlichen Urlaubs entspricht, ersetzt werden muß.

Was nun die Regierung der Ur-Altstadt angeht, so würde sich als Herrscher zunächst ein Fürsterzbischof im Kardinalsrang anbieten, und es ist hier durchaus daran gedacht, vom Vatikan die Kardinalswürde für Salzburg zurückzufordern. Dieser Kardinal-Erzbischof sollte aber, ähnlich wie die englische Königin, nur *symbolisch* herrschen, um fremde oder gar geschäftsstörende Einmischungen von vornherein zu unterbinden. Die eigentliche Regierungsgewalt, die hier natürlich nicht demokratisch sein kann, sollte in den Händen eines Generalsuperintendanten liegen. Und wie einst in Rom ein Privatname, nämlich *Cäsar*, zur Bezeichnung des Herrschers geworden ist, könnte man hier in der Ur-Altstadt anstelle des schwerfälligen „Generalsuperintendant" den Namen *Carajan*, oder, in Anspielung an die Janusköpfigkeit der Theatermasken, *Carajanus* verwenden, so daß es dann bis in alle Ewigkeit hieße, X Y sei der regierende Carajanus von Salzburg.

Der Skandal des Schöpferischen
Ein Gespräch mit dem Maestro

I.: Maestro, es heißt, Sie hätten behauptet, dem reproduzierenden Künstler gebühre der Vorrang vor dem schöpferischen. Ist das eine Übertreibung?

M.: Keineswegs. Der Ausdruck „reproduzierender Künstler" muß abgeschafft werden. In Wirklichkeit gibt es keine reproduzierenden Künstler. Es gibt nur Künstler und Nicht-Künstler. Der sogenannte schöpferische Künstler liefert das Rohmaterial für die eigentliche Produktion. Er ist eher ein Sonderling als ein Künstler, was meist schon an seinem Habitus zu erkennen ist. Fast immer hat er etwas Täppisches, Läppisches, Unersprießliches – kurz: etwas Unkünstlerisches an sich. Irgendwie ist er nicht präsentabel. Der Ort, wo er sich am besten ausnimmt und wo er die ihm gemäße Umgebung gefunden hat, ist das Grab.

I.: Das klingt hart. Sie wünschen den schöpferischen Künstler ins Grab?

M.: Aber nein! Er mag herumlaufen und sich unmöglich machen, soviel es ihm beliebt. Ich habe nur gesagt, daß er sich erst im Grab wahrhaft vollendet, und zwar durch *unsere* Hilfe. Erst wir, seine Wohltäter, wir, die eigentlichen Künstler, machen ihn weltläufig. Was ein Künstler ist, die ganze Faszination dieser Gestalt, zeigen erst *wir*. Nur wir besitzen Geschmack und Inszenierungskunst, die weltweite Resonanzen erzielen. Er weiß überhaupt nicht, was er aus sich machen soll, er ist der Geschmack- und Taktlose, der sich in die unmöglichsten Situationen bringt, völlig unfähig, sich in Szene zu setzen. Er wird betrunken im Rinnstein aufgefunden, miaut wie eine Katze, umarmt ein Pferd, dämmert im Irrenhaus dahin, etc. etc. Alle diese Erbärmlichkeiten werden erst in einer *Legende* genießbar, die *wir* für ihn fabrizieren.

I.: Man sagt aber, daß wahre Originalität von den Zeitgenossen immer verkannt wird.

M.: Das ist Teil der Legende. In Wirklichkeit ist eine solche Originalität unerträglich, kindisch und pervers. Würde man solche Originalgenies aus ihren Gräbern heraufzitieren und in Gesellschaft bringen, so wären sie heute ebenso peinlich und geschmacklos wie ehedem. Ihr erster Gedanke wäre, uns *anzupumpen*. Und statt sich bei uns zu bedanken, daß wir ihrer Existenz als Desperados endlich eine glänzende Grundlage verliehen haben, würden sie sich betrinken und uns beleidigen. Nur was wir aus ihnen gemacht haben ist genießbar.

I.: Wenn sie wirklich so unbrauchbar sind, muß man sich fragen, wieso sie überhaupt gebraucht werden.

M.: Sehr richtig! Hinter dieser Frage verbirgt sich ein Skandal. Offenbar muß das Rohmaterial zum Aufbau der Künste von Unzurechnungsfähigen herangeschafft werden. Ich habe den Verdacht, daß selbst Religionen und Ideologien auf ähnliche Ur-Greuel angewiesen sind. Wenn man bedenkt, was einem späteren religiösen Kunstprodukt, etwa den „violetten Monsignori" (wie Hofmannsthal sie nennt) eigentlich zugrunde liegt – aber lassen wir das! Wenden wir uns den eigentlichen Künsten zu, die darin bestehen, einen ursprünglichen Skandal sozusagen salonfähig zu machen.

I.: Der Skandal beruht also nicht auf dem Unverständnis der Zeitgenossen?

M.: Unverständnis der Zeitgenossen? Das gehört zur Märtyrer-Legende, die *wir* erfunden haben, um die Grundsteine zu fixieren. Der sogenannte Schöpfer kann in seiner Rohform überhaupt nicht verstanden werden. Er muß zunächst einmal *verschwinden*. Die Kunst besteht darin, ihren Schöpfer zum Verschwinden zu bringen. Sie befreit das jeweils Neugeborene aus den Katakomben, säubert es und macht es gesellschaftsfähig.

I.: Bleibt es denn nicht, was es ursprünglich war?

M.: Nicht im geringsten! Der sogenannte Schöpfer ist in Wirklichkeit der *Kärrner*, der das Material herangekarrt hat. Er hat keine Ahnung, was man daraus machen kann und wie man den künstlerischen Rohstoffen Wert und Glanz verleiht. Seine Gegenwart ist im Gegenteil eine Art Fluch für das Werk. Haben Sie schon einmal gesehen, wie ein sogenannter Autor oder Kompositeur, der unglücklicherweise noch am Leben ist, nach dem Feuerwerk einer Inszenierung und nach den glitzernden Ovationen auf die Bühne gezerrt wird und sein ganzes Elend in einer obszönen Verbeugung enthüllt? Fort mit ihm! In der ganzen Kunst gibt es nichts was deplazierter wirken könnte als er.

I.: Und doch werden alle Neuerungen -

M.: von uns inzeniert! Glauben Sie denn, die sogenannten alten Meister hätten auch nur im Traum geahnt, daß man mit ihnen solchen Staat würde machen können? Oder daß ihre Werke dazu geeignet wären, einer Stadt oder einem Staat höheren Adel zu attestieren? Unser Werk, unsere Inszenierungs- und Dirigentenkünste, entfalten sich weit jenseits der Phantasiegrenze eines solchen armen Teufels. Was wir an künstlerischer Aktivität und Eleganz in Bewegung setzen – vom Kapital will ich gar nicht reden! – das stellt alles in den Schatten, was ihm einst seine kühnsten Träume vorgaukelten. Hundert, zweihundert Jahre nach seinem Tod verwandeln wir seine Ansätze in ein rauschendes Fest vor den Augen der ganzen Welt. Erst seit *unserem* Auftreten gibt es große Kunst. Wo und wann wäre es möglich gewesen, die Künste aller Völker und aller Epochen seit der Steinzeit simultan dem Publikum als Riesenschätze hinzuschütten, in grandiosen Televisionsprozessen, die mit Lichtgeschwindigkeit bis in die letzten Winkel der Erde projiziert werden? Und da wollen Sie behaupten, ich wünsche die armen Kärrner ins Grab? Eine grandiosere Auferstehung wäre für sie gar nicht denkbar!

I.: Maestro, wir danken.

Zur Eröffnung der Opernsaison 2001

Wie wir alle wissen, ist die Grand Opéra unserer Stadt, als deren Präsident und wirklicher Senatsrat ich seit nunmehr dreißig Jahren zu fungieren die Ehre habe, mit dem Titel „Weltwunder des 21. Jahrhunderts" ausgezeichnet worden. Im Gegensatz zu den sieben Weltwundern der Antike, die uns den Stolz einer noch kindlichen Epoche auf die imposante Materialität ihrer Bauten vor Augen führen, ist es nun nicht mehr die starre Architektur, sondern es ist die fluidale Vergeistigung, die uns Heutigen diesen Titel eingebracht hat: das Wunder der Klänge und dynamischen Tonkatarakte, die diese ehrwürdigen Säle immer wieder bis zum Bersten ausfüllen, also gewissermaßen die Kunst selbst, die wir hier einfangen, bändigen und einem erlesenen Publikum in ihrer proteusartigen Immaterialität vorführen.

Keineswegs ist damit gesagt, daß wir das Gebäude, in dem wir uns hier befinden, in seiner Pracht unterschätzen; es ist, wie wir alle wissen, ein von einem Meister adaptierter, antiker Pferdestall, und diese uralten Ställe, insbesondere die fürstlichen (und um einen solchen handelt es sich hier), wurden von uns Bürgern und von uns Sozialisten gleichsam in den geistigen Adelsstand erhoben. Wie Indien seine heiligen Kühe hat, so hat unser Land seine heiligen Pferde. Darum sind uns auch die historischen Ställe, in denen einst die mächtigen Pferdegeschlechter wohnten, so teuer. Auch die Hof- und Kammersänger, die Generalsuperdirigenten und wirklichen Senatsräte der Grand Opéra wohnen bei uns des öfteren in historischen Ställen, so daß dort, wo früher das Wiehern der Prachthengste und der feudalen Stuten ertönte, heute die Koloraturen, Arien und Korollarien der Grand Opéra erklingen.

Da uns die Fähigkeit, Städte zu bauen, bedauerlicherweise abhanden kam, müssen wir umso sorgfältiger darauf achten, daß uns die ehrwürdigen Gebäude nicht einstürzen. Als umfassende Kulissenstadt stehen sie schließlich im Dienst unserer Oper. Seien wir uns dessen bewußt, daß die Kulissenwelt nicht auf die Bühne beschränkt bleiben darf, sonst verlören wir den Ein- und Ausklang, den unsere Stadt als Gesamtkunstwerk zu bieten hat. In diesem Sinn muß auch das Geläute der Kirchenglocken und Glockenspiele im dritten Jahrtausend gepflegt und erhalten werden.

Wie wir alle wissen, erzeugt unser Erwerbsleben gewisse Stoffe, deren lästige Nebenwirkung darin besteht, Steine, Marmor, Kalk, etc. aufzulösen und in gelöster Form abzutransportieren, so daß Heiligengesichter, Flügelspitzen, Embleme, Zierate u. dgl. sich langsam einebnen, und daß überhaupt das ältere Kunstgestein, das uns so teuer ist, die Tendenz zeigt, sich zu verflüchtigen. Wir bespritzen daher unsere Monumente mit bestimmten Schutzstoffen, harren aber noch immer darauf, daß eine unzerstörbare Plastikbeschichtung erfunden werde, die, über die Altstadt gesprayt, ihre Verewigung bewirkt. Allein die Weiterentwicklung unserer Technik, sagen uns die Experten, kann uns vor ihren schädlichen Nebenwirkungen schützen.

Um aber auf das Gesamtkunstwerk und Weltwunder unserer Grand Opéra zurückzukommen: Ich selbst, als Präsident, nationaler Sozialrat und Senator, bin mir jederzeit bewußt, daß unsere Erwerbstätigkeit und Verwertungspraxis eine künstlerischen Verklärung suchen und finden muß. Und da ich nun einmal in einer Stadt geboren wurde, die dieses Verklärungswesen in würdigster Form zu verwalten hat, bin ich fest dazu entschlossen, mich voll in den Dienst der Kunst zu stellen und alles zu tun, um die Feinde unserer Hochkultur abzuwehren.

Wie wir nämlich mit Beschämung feststellen, gibt es in

unserer Stadt destruktive Elemente, die, wie einst die Kyniker in Athen, unsere mühsam bewahrten kulturellen Errungenschaften heruntermachen und besudeln wollen. *Kynikos* heißt, laut Lexikon, „hündisch, schmutzig, ungesittet, schamlos". Lebhaft kann man sich vorstellen, wie diese Kyniker in Athen die Große Tragödie heruntermachten, Zukurzgekommene und Verkommene, die obszöne Parolen an die Wände schmierten und sich in Spelunken herumtrieben. Der *Aktionismus* eines derartigen Gesindels ist uns sattsam bekannt. Seit jeher werden alle großen Inszenierungen begleitet von der impotenten Kritik jener, die nicht an sie heranreichen und unfähig sind sowohl zur kulturellen Leistung als auch zur demütigen Dankbarkeit angesichts der Könner, die sie erbracht haben und immer noch erbringen.

Hier, in diesen heiligen Hallen, sind wir, dank der Höhe der Eintrittspreise und Gott sei Dank, vor ihnen sicher, und wir sind, geben wir's offen zu, stolz darauf, *entre nous* zu sein. Wir haben schließlich das Recht, uns in festlichen Stunden, zum Genuß der Kunstwerke, in Gesellschaft Gleichgesinnter zu bewegen, in Räumen und Kostümen, deren Ausstattung und Glanz uns bestätigen, im Rahmen einer stilvollen Inszenierung, die wir uns leisten können, weil wir selbst etwas geleistet haben – kurz: unter *Unseresgleichen*, wo wir nicht mit Kötern konfrontiert werden, die uns ankläffen.

Sprechen wir es unverhohlen aus: Wer etwas geleistet hat, dem steht das Recht zu, ein Milieu zu genießen, das ihm schmeichelt, und dem er selbst durch seine Anwesenheit schmeichelt. Der äußere Glanz, den eine *ehrenwerte Gesellschaft* sich leistet, Luxus und Accessoires unserer Damen, Fahrzeuge und Datschas unserer Herren, zeigt hier seinen inneren Wert im Rahmen einer kostbaren Inszenierung der Künste, die ihre Höchstleistungen feiern. Wir erheben uns hier zu einem Maximum der Kunst, über das die ganze zivilisierte Welt einer Meinung ist: Quo nos attonitos numen ad auras ferat!

Als Führungskräfte einer Leistungsgesellschaft haben wir hier die Gewißheit, daß die künstlerische Leistung, was Gediegenheit und Aufwand betrifft, mit unseren eigenen Leistungen vergleichbar ist, wenn sie sich auch naturgemäß auf einer idealeren Bühne bewegt. Ein untrügliches, wenn auch rein materielles Zeichen dafür sind die Gelder, die auch in dieser Sphäre in Umlauf sind. Wie die kostbaren, an noch unverseuchten exotischen Stränden gefangenen und dann im Überschallflugzeug importierten Krustazeen der Dreisternlokale werden die Künstlerinnen und Künstler der Grand Opéra ein- und ausgeflogen, exquisite Hochleistungsgeschöpfe, deren Kompetenz jenseits allen Zweifels garantiert ist. Das Tonmaterial, die kostbar schimmernden Bläserfarben und die Goldtöne der Streicher, der Schmelz der Bravourarien und Koloraturen geben hier ein vergeistigtes Spiegelbild der Perlenkolliers, die in den Pausensälen erstrahlen. Und das alles, meine Herren Kyniker! ist das Resultat härtesten Konkurrenzkampfes, härtesten Trainings, und nicht wie bei Ihnen Produkt einer Expektoration! Die Leistungsgesellschaft, die Sie besudeln wollen, versöhnt sich in der Grand Opéra mit den kosmischen Harmonien, wenn der Maestro bisher ungehörte Schätze aus den Partituren hebt, wenn er gewohnte Passagen veredelt, die Streicher seufzen läßt und in feinst schattierten Nuancen ein überirdisches Schimmern heraufbeschwört.

So wollen wir hier, im Herzen der Gesitteten Welt, das Versprechen ablegen, unser „Weltwunder des 21. Jahrhunderts" zu bewahren und es besten Gewissens hineinzutragen ins dritte Jahrtausend!

Der neue „Salzburger Kirchenführer"

Nach dem Vorbild des bekannten römischen „Guida Santa" wurde nun der erste „Salzburger Kirchenführer" erstellt. Zwei römische Experten, die im Gefolge des Papstes anreisten, teilten die „Bischofsmützen" aus. Es gibt vier auszeichnende Güteklassen: Eine Bischofsmütze (12,5 - 15 Punkte), zwei Bischofsmützen (15 - 18 Punkte), drei Bischofsmützen (18 - 19 Punkte) und schließlich die Tiara (20 Punkte für Ambiente und Performance). Da die Tiara in Rom bis jetzt nicht verliehen wurde, nimmt es nicht Wunder, daß keine Salzburger Kirche zu Tiara-Ehren kam. Befremdend wirkt es dagegen, daß auch die drei Bischofsmützen in Salzburg nicht vergeben wurden. Hier können vielleicht die Messe-Kritiken, die nach italienischem Vorbild seit kurzem in der Lokalpresse erscheinen, Abhilfe schaffen. Die Widerstände, die sich in der Branche zunächst gegen die Messekritiker regten, werden wohl bald aufhören, wenn sich erste Erfolge einstellen. Alle Akteure, Priester, Mesner und Ministranten, müssen schließlich einsehen, daß ihre vordringlichste Aufgabe darin besteht, das Evangelium an den Mann (bzw. an die Frau) zu bringen. Die etablierte Kirche, in der sich deutliche Abnützungserscheinungen zeigen, wird nur dann gegen die dynamischen neuen Sekten bestehen, wenn sie die Zeichen der Zeit erkennt, ihr Angebot attraktiver macht, die Schlafmützen ablegt und im Rahmen der Leistungsgesellschaft nach Bischofsmützen strebt!

Der sogenannte *stile nuovo*, der dem Besucherschwund abhelfen und nicht zuletzt die Jugend ansprechen will, zeichnet sich durch die sogenannte Neue Schlichtheit aus. Das Barocke soll nun auch in Österreich verschwinden. Alles Pompöse, Opulente und Überladene ist in der heutigen Kirche verpönt. Atmosphäre und Service sollen sich durch Dezenz und schlichte Eleganz auszeichnen. „Opas Kirche" ist tot.

Die Experten aus Rom, die unsere Salzburger Gotteshäuser testeten, bewahrten übrigens ihr Inkognito, um potemkinsche Messen von vornherein auszuschließen. Sie haben sich mit Lodenmänteln versehen und werden in unregelmäßigen Abständen wieder auftauchen, um den „Salzburger Kirchenführer" auf den jeweils aktuellsten Stand zu bringen.

Über die Freude, kein Linzer zu sein

Die Freude, kein Linzer zu sein, erreicht im Spätherbst ihren Höhepunkt.

Im Radio höre ich die Nachrichten von der täglichen Dosis, die man der Erde verabreicht, und vom Aufmarsch der Gamsbärte und Blaskapellen in unserem Land –

Da kommt zuletzt die einzig genießbare Meldung, an die ich mich halten kann: „Linz, Nebel, gefrierendes Nieseln, minus ein Grad, Salzburg, heiter, plus acht Grad."

Wenn ich das höre – und im Spätherbst höre ich es oft täglich–, dann steigen Gefühle in mir auf, die ich mir sonst nicht einmal im Traum mehr leisten kann, patriotische Gefühle, lokalpatriotische Gefühle, in denen sich die Überlegenheit des Residenzstädters über bloße Linzer ausdrückt. Dieser Lokalstolz ist mit Schadenfreude gewürzt, bezogen auf Industrietreibende und Verwerter, die ihren Nebel, oder die in ihm gelösten Giftstoffe, selbst produzieren. Diese toxischen Substanzen dringen nun in die Nasenhöhlen, in die Mundhöhlen, in die Speiseröhren und in die Lungenflügel der Linzer ein, zersetzen sozusagen die Linzer, während ich, der Residenz- und Musikstädter, reinen Föhn einatme, wie er aus Süden frisch über die Alpen kommt.

Und wenn dann abends, bei Sonnenuntergang, sich die Föhnbeleuchtung einstellt, die gelben und roten Tönungen am Westhimmel, das Orange, das an Bäumen und Sträuchern letzte Blätter zum Aufleuchten bringt, dann stelle ich mir die Linzer im gefrierenden Nieseln vor, in allen Stadien der Zersetzung, und ich spreche, auf das Rot über dem Gipfel des Predigtstuhls anspielend und unsere fürsterzbischöfliche Vergangenheit einbeziehend, nur ein einziges triumphales Wort: „Kardinalspurpur!"

Lesen. Eine Parodie

Du bist in eine Falle gegangen, als du die Einladung der sogenannten *Wiedner Zeitung*, im *Roten Egel* am Rabensteig eine Lesung zu halten, ohne Umschweife angenommen und, den Rabensteig hinuntergehend, den *Roten Egel* tatsächlich schamlos betreten hast, denke ich auf meinem Vorlesungssessel.

Die Einladung der *Wiedner Zeitung* hat mich durch das Telefon, diese indezente Überraschungs- und Überrumpelungsmaschine, gänzlich unvorbereitet betroffen und ich habe, wie ich jetzt weiß, zu meinem Unglück den sogenannten *Pfänder*, wie ein Städteschnellzug genannt wird, bestiegen, um mich auf servilste Art nach Wien zu begeben, wie ich jetzt auf meinem Vorlesungssessel erkenne.

Die Einladung, im *Roten Egel* am Rabensteig zu lesen, und zwar, was eine deprimierende Verschärfung darstellt, *zusammen mit sogenannten Kollegen* zu lesen, ist überdies durch eine Zeitung erfolgt, die unter den widerwärtigen Wiener Presseerzeugnissen zweifellos das widerwärtigste, unter den infamen das infamste genannt werden kann, denke ich jetzt auf meinem Vorlesungssessel.

Nicht daß die Schreibweise dieser sogenannten *Wiedner Zeitung* irgendwie minderwertiger oder infamer hätte sein können als die Schreibweise der anderen *Organe*, wie sie genannt werden, das wäre ja völlig ausgeschlossen, denn ebensowenig wie die Temperatur einen bestimmten Punkt unterschreiten kann, den *absoluten Nullpunkt* nämlich, wie er bezeichnet wird, ebensowenig kann die Schreibweise, die den absoluten Nullpunkt der Wiener und überhaupt der österreichischen Zeitungen erreicht hat, diese Marke irgendwie unterbieten, denke ich auf meinem Lesungssessel.

Der absolute Nullpunkt der infamsten *Zeitungsschmierak-tionen*, wie sie bezeichnet werden müssen, kann nach unten hin auf keine Weise, selbst nicht durch die schamloseste Infamie, unterboten werden, am allerwenigsten in Wien. Was aber die *Wiedner Zeitung* angeht, wie sie genannt wird, denke ich auf meinem Vorlesungssessel, so ist sie unter den Wiener Zeitungen, deshalb die schamloseste und infamste, weil sich in ihr die Schmieraktionen am absoluten Nullpunkt der Journalistik mit einer absoluten *Staatsservilität* verbinden und weil unter allen sogenannten Organen an jedem Ort und zu jeder Zeit die *offiziellen*, wie sie sich nennen, immer die niederträchtigsten gewesen sind und sein werden, denke ich.

Dazu kommt, daß ich seit jeher ein Lesungsverächter, ja Lesungshasser gewesen bin. Die abgeschmackte Zeremonie der Literaturlesungen ist mir seit jeher als eine der verkommensten Zeremonien unseres Literaturbetriebs, der nichts anderes als eine *Literaturvernichtungs- und Literaturzertrümmerungsmaschine* darstellt, vorgekommen, denke ich.

Schon wenn die Stimmen meiner sogenannten Kollegen unvermutet im Radio ertönten, bin ich immer sofort aufgesprungen und habe mit einer sozusagen abwürgenden Bewegung den Apparat sofort und auf die radikalste Weise ausgeschaltet, oder abgedreht, wie in Österreich gesagt wird, denke ich auf meinem Lesungssessel.

Wer sich aber nicht entblödet, zu einer sogenannten Lesung tatsächlich hinzugehen, zu einer *Dichterlesung*, wie schamlos gesagt wird, wer also den Rabensteig hinunter zum *Roten Egel* geht, in dieses perverse *Literatur- und Musikabtreibungsetablissement*, wird nicht nur dazu gezwungen, die sogenannten Dichter *anzuhören*, also die eigenen Ohren, wie gesagt werden könnte, in Senkgruben für ihre Wort- und Satzmülldeponien zu verwandeln; er ist darüber hinaus dazu angehalten, in ihre schamlos dekla-

mierenden Kunstmäuler zu blicken, ihre teilweise bereits durch grauenvolle Attrappen vorgetäuschten Vorlesungszähne zu begutachten, denke ich auf meinem Lesungssessel.

Du bist tatsächlich den Rabensteig hinuntergegangen, sage ich mir auf meinem Lesungssessel, den Rabensteig hinab zum *Roten Egel*, wo du naturgmäß augenblicklich und unwiderruflich mit sogenannten Kollegen konfrontiert wurdest, die du zu deinem Leidwesen alle schon kanntest, so daß du ihr scheinheiliges Begrüßungslächeln, dieses furchtbare *Kollegenbegrüßungslächeln*, über dich ergehen lassen mußtest, also nicht nur ihre perversen Wortkatarakte, sondern dazu noch die süffisante Impertinenz ihrer Kollegenschaft, die sie dir mit jener österreichischen Gemütsperversität aufdrängen, die in dir noch jedesmal sofortigen Brechreiz hervorgerufen hat, denke ich auf meinem Lesungssessel.

Ich habe mich also, wie gesagt werden muß, nicht entblödet, in Salzburg den sogenannten *Pfänder* zu besteigen, um mich aus dem Todesmuseum, das Salzburg darstellt, nach Wien zu begeben, zum sogenannten *Wasserkopf*, wie in der Provinz gesagt wird, der aber, was die Künste betrifft, eine absolut tödliche *Abtreibungsmaschine* genannt werden muß, denke ich auf meinem Lesungssessel.

Ich habe mir auf dieser erbärmlichen Lese- und Anbiederungsreise eine halbe Stunde lang überlegt, ob ich in den Speisewagen des *Pfänders* hinübergehen soll, um mir einen *St. Laurent* zu bestellen, ein sogenanntes *Stifterl*, wie es in der abgeschmackten österreichischen Verkleinerungsmanie genannt wird. Im Abteil des *Pfänders* habe ich mich aber, wie ich mich jetzt auf meinem Lesungssessel entsinne, daran erinnert, daß ich mich schon einmal, und zwar ebenfalls auf einer schamlosen Lesereise, in einem anderen Städteschnellzug in den Speisewagen begeben habe, um ein sogenanntes *Stifterl St. Laurent* zu bestellen, und daß damals, obgleich ich mich in meinem Speisewagenlehnstuhl vor Ekel förmlich verkrümmte, ein Mann im Walkjanker, wie in Österreich gesagt wird, ungeniert mir gegenüber Platz nahm, ein sogenannter *leutseliger* Herr, der jene infame österreichische Leutseligkeit abstrahlte, wie gesagt werden kann, jene durch und durch unanständige österreichische *Konversationsobszönität* und *Anbiederungsmanie*, die sich unverzüglich und schamlos auf die Lauer legt. Und daß dann dieser Mann im Walkjanker das Auftauchen einer Bergkirche, die er sogleich mit serviler Beflissenheit als *Maria Waserl* indentifizierte, auf rücksichtsloseste Weise dazu benützte, um seinen Konversationsangriff einzuleiten, erinnerte ich mich im Abteil des *Pfänders*, wie ich mich jetzt auf meinem Lesungssessel entsinne.

Maria Waserl wird auftauchen, dachte ich im Abteil des *Pfänders*, *Maria Waserl*, oder eines jener katholischen *Volksverdummungszentren*, die, vom Aussatz der Souvenier- und Devotionalienindustrie befallen, mit ihrer *katholischen Obszönität* naturgemäß die *österreichische Konversationsobszönität* aufstacheln, wie einmal gesagt werden muß. Diesmal also kein *Stifterl St. Laurent*, sagte ich zu mir im Abteil des *Pfänders*, wie ich mich jetzt auf meinem Lesungssessel entsinne, du wirst also diesmal in absoluter, um nicht zu sagen tödlicher Nüchternheit im sogenannten *Westbahnhof* eintreffen und wirst rückhaltlos und unverzüglich mit der Wiener *Kulturvernichtungsmaschine* konfrontiert werden.

Und jetzt, wo ich tatsächlich, wie ich sagen muß, auf schamloseste Weise auf meinem Lesungssessel im *Roten Egel* Platz genommen habe, bemerke ich erst in schonungsloser Nüchternheit, daß jene Konversationsobszönität der Pfänderreisenden und Walkjankerträger eine harmlose Lappalie darstellt, ja sogar für nichts zu achten

ist, wie noch manchmal gesagt wird, im Verhältnis zu meiner eigenen *Anbiederungsobszönität* und *Anbiederungsmanie*, die mich dazu gebracht hat, den Rabensteig hinunterzugehen, an dessen Ende jene absolut tödliche *Kulturfalle*, der sogenannte *Rote Egel*, aufgestellt ist. Wie ich mir auf meinem Lesungssessel am Rabensteig überlege, könnte ich jetzt als freier, unbescholtener Mann im *Bräunerhof* sitzen, könnte im *Museum* oder im *Eiles* sitzen, könnte den *Corriere della Sera, Le Monde* oder die *Zürcher* lesen, schamlose Druckwerke auch diese, aber doch im Verhältnis zu einem sogenannten *offiziellen Organ*, wie die *Wiedner Zeitung* es darstellt, weitaus weniger unanständige Organe, wie nicht eigens betont werden muß.
Ich habe mich, so ich auf meinem Lesungssessel im *Roten Egel*, auf *den Anbiederungsstrich* begeben, und zwar auf den absolut niedrigsten Anbiederungsstrich, der in diesem absolut lächerlichsten Staat und in dieser absolut lächerlichsten Stadt als *offizielle Institution* eingerichtet wurde und sich, wie alle offiziellen Institutionen, weit unter dem Niveau befindet, das sonst mit dem Wort *Strich* verächtlich gemacht wird, so ich auf meinem Lesungssessel im *Roten Egel*.
Wer einmal den Rabensteig hinuntergegangen ist, wer den *Roten Egel* betreten hat, um dort vorzulesen, der ist auf dem endgültigen Weg zum *Staatspfründner*, ist also in eine der Fallen gegangen, die dieser skrupellose, gemeine und niederträchtige Staat aufstellt, um auch die letzten, die noch keine *Staatspfründner* sind, zu *Staatspfründnern* und zu *Staatspfründnerinnen* zu machen, damit er sie dann, hochdekoriert und durch und durch bestochen, auf dem Wiener Zentralfriedhof neben seinen Burgschauspielern deponieren und in einem sogenannten *Ehrengrab* endgültig annullieren und annihilieren kann. So ich auf meinem Lesungssessel am Rabensteig.

Kunststücke

Der renommierte Künstler

Die Falten in seinem Gesicht sind keine Alterserschei-
nung; es sind die Insignien eines Eigenbrötlers; sie deuten
auf unverwüstliche Jugend. Je schärfer sie sich einprägen,
umso persönlicher sind sie. Sie künden von einem Nachtle-
ben, das nicht endet.

Die Sonne allerdings, die durchs Badezimmerfenster
kommt, scheint keinen Wert auf das Unverwüstliche zu
legen. Doch was versteht die Sonne von Kunst? Hat sie je
an der faszinierenden Anordnung des Materials gearbeitet? Mag sie Kacheln aufleuchten lassen. Die Facetten der
Persönlichkeit glänzen im Schatten und werden am besten
von künstlich beleuchteten Spiegeln reflektiert.

Die Hose des Künstlers, sein Hemd, sein Rock – das alles
hat nichts Beliebiges, hält äußerste Distanz zur Konfek-
tion. Hier ist jede Nuance bedeutend; ist sie nicht mani-
riert, so ist sie gediegen, naturecht, wie preisgekrönte
Weine, die auf dem Etikett die Bezeichnung *Gewächs* führen dürfen. Ein gewisses Sinnlichkeitsaroma schwebt um
diese Kleider; sie sind alles andere als gesetzt, geben dis-
krete Winke, daß hier noch Eskapaden geplant sind, daß
jederzeit beginnen kann, was die Kinder *Zündeln* nennen;
auf höherer Ebene freilich.

Und das ist nicht etwa frivol, sondern Heilmittel gegen
Mechanisierung, sogar Kampf gegen Diktatur. Hier ist
gleichsam ein Medizinmann, der, sichtbar für alle, seine
Tinkturen mitführt, seine Rezepte für alles Verfehlte.
Nach und nach wird sein persönliches Fluidum wichtiger
als das seiner Werke. Er kommt nicht mehr, sondern *erscheint,* und dann geht ein Raunen durch die Versamm-
lung. Man fragt sich erstaunt: Wird er, der schon fast den
Ruhm eines beliebten Schauspielers erreicht, auch noch

den eines Stars erlangen, der schon nichts mehr kann? Was ist sublimer als totale Unbrauchbarkeit in einer Welt der totalen Verwertung? Seine Existenz spricht Bände: Luxus für Emotionen und inkarnierter Protest. Er hat sich über die materiellen Eierschalen seiner Werke erhoben, sie sind überflüssig geworden und kaum eines Blickes mehr wert.

Ein Minister besteigt das Podium, während auf Backen und Nackenwülsten der Ehrengäste der Abglanz eines Quartetts von Schubert liegt. Der Stolz der Heimat baut sich um den Künstler auf.

Noch zu seinen Lebzeiten wird in seinem Geburtsort eine Gasse nach ihm benannt. Und weil das Wort Gasse an Gassenjungen erinnert, nennt man sie *Weg*. Er jedoch ist abergläubisch und traut sich selbst nicht über den Weg. Überhaupt vermeidet er seinen Geburtsort, den er insgeheim, im vertrauten Kreis, mit dem Wort *obszön* bedachte. Nur einmal muß er noch hin, weil die Institution eines Ehrenrings geschaffen wird, damit er als erster einen solchen trage. War sein Geburtsort ein Dorf, so ist es jetzt auf allen Prospekten, sich selbst und den Touristen zur Ehre, ein *Künstlerdorf*. Die Anrainer des bekannten Wegs sind angehalten zu intensiver Verschönerung und Gartenpflege.

Unkraut wird ausgejätet, lichtscheues Gesindel ist unerwünscht. Und wenn er, der Künstler, sich hier wie einst in seiner besten Zeit mit Freunden und Freundinnen betrunken umhertriebe, würde die Polizei ihn abtransportieren.

Doch wie gesagt: das ist nicht nötig, denn er lebt im Ausland. Überdies heißt es, daß schon eine berühmte Klinik an ihm laboriert.

Sky-Art

„... es handelt sich nämlich um den Himmel! Aber verstehen wir uns recht, um den Himmel vom Standpunkt seriöser geschäftlicher Ausbeutung" (Villiers de l'Isle-Adam)

Wie konnten es die Menschen jahrtausendelang dulden, daß über ihren Stirnen, also direkt über dem Denkorgan, in ununterbrochener Folge chaotische Wolkenmassen vorüberzogen, denen jeder systematische Zusammenhang abging? Ein Rätsel.

Freilich versuchte man schon seit jeher, in diese wüsten Himmelsgedärme allerlei Fratzen hineinzulesen, doch beweisen die Redensarten von Kuckucksheimen und Luftschlössern wohl zur Genüge die Geringschätzung, die man derartigen Phantasieprodukten entgegenbrachte.

Und wenn man bedenkt, daß diese Ausscheidungsorgane und Ärsche der Atmosphäre sich jederzeit und ad libitum auf das Denkorgan eines harmlos flanierenden homo sapiens lotrecht entleeren konnten, dann faßt uns heute ein Schauder.

Unrecht haben jene, die es bedauern, daß man die ersten Ansätze zur Wolkenregulierung und Himmelshygiene der Kriegsführung verdankt. Nach wie vor ist der Krieg der Vater aller Dinge. Wer das leugnet, ist einäugig oder naiv. Wie uns der Gedanke an das trojanische Pferd mit freundlicher Nostalgie erfüllt, so auch der an jene erste ferngesteuerte Wolke, die das Verderben zum Feind hinübertrug, ohne daß er sich samt seiner hochentwickelten Hardware gegen den weichen diffusen Giftregen auch nur im geringsten hätte zur Wehr setzen können.

Heute, nachdem die Natur selbst Millionenverluste leicht ausgeglichen und verschmerzt hat, lächelt jeder Generalstab über ferngesteuerte Gift- oder Viruswolken, die nicht einmal den Abschirmungsring eines Kleinstaates überwinden könnten.

Das sind für uns drollige Gespenster aus der Zeit jener Urgroßeltern, die noch wildes Erdwasser tranken.

Kein Wunder, wenn das, was Vater Krieg erfunden hatte, zunächst rein praktisch für die Erhöhung des Lebensstandards verwertet wurde. Zuerst der Krieg, dann der Lebensstandard und zuletzt der Luxus – das ist der Dreischritt der Evolution!

Wenn heute, von der Landwirtschaft einmal abgesehen, jedem, der seinen Urlaub an einem plangerechten Ort der Erdoberfläche verbringt, gewährleistet wird, daß keine Wolke ihn anpißt, wenn er seine Sonnenstunden beliebig buchen kann und wenn man ihm die Temperaturen garantiert, dann sind das Folgen der pragmatischen Phase, ohne die sich der künstlerische Überbau, die Sky-Art, niemals hätte entwickeln können.

Der Gang des Fortschritts, die Sozialisierung des Firmaments, führte unaufhaltsam weiter – von der rein stofflichen Verschiebung und Steuerung der Wolkenmassen bis zu ihrer formalen Ausgestaltung.

Nun fiel es den Künstlern wie Schuppen von den Augen: Jahrtausendelang war Ihresgleichen auf der Erde gekrochen, hatte Staub gefressen, in Lehm gewühlt, Erdfarben angerieben, Stoffetzen bemalt, aus Lumpen verfertigte Wische bekritzelt, Steine geklopft und an Baumleichen herumgeschnitzelt. Und dabei war ununterbrochen das eigentliche Medium der Kunst, der reine voluble Stoff, dort oben in der Luft vorübergezogen, völlig ungestaltet und brach: das Medium der endgültigen Emanzipation menschlicher Kreativität!

Freilich wurde das Feld zunächst von der Reaktion beherrscht, von den sogenannten Wolkenkitschisten, den Schäfchen- und Puttenverschiebern, die auf Grund ihrer

Popularität alle Wolkenmischpulte besetzten. Zwei Formen bzw. Uniformen wurden damals zum Schlager: Aktwolken und Engelwolken, widerlich naturalistische Gebilde, die, rosig angehaucht, über den Himmel zogen. Am Höhepunkt des Naturalismus erschien ein gewitternder Jupiter mit Originalblitz. Und fand reißenden Absatz.

Als aber schließlich, im Verlauf der politischen Entwicklung, die wir alle kennen, der Einfluß des Publikums, der Geschäftswelt und der Parteien zurückging, schlug die Stunde der Kunst. Das erste große Genie der Sky-Art trat auf den Plan: Wladimir Bonewitsch, der Schöpfer des Weißen Kubus. Zum ersten Mal seit dem Urknall zeigte sich im Universum eine rechteckige Wolke. Wladimir Bonewitsch schildert seine Schöpfung wie folgt:

„Dinge und Gegenstände der realen Welt sind vor der Kunst wie Rauch entschwunden. Ich habe nichts erfunden, nur den reinen Himmel habe ich empfunden, und in ihm habe ich das Neue erblickt, den Wolkenwürfel in weißestem Weiß."

Gewiß, Bonewitsch ist heute überholt – aber ihm verdanken wir die Reinigung der Atmosphäre, die große spirituelle Geste, die Verbannung all dieser wabernden Aktwolken und Cumuluspopos, an deren Stelle nun der einsame, fanatisch-weiße Wolkenwürfel seine streng kalkulierte Bahn durch den Äther zog, ein Angelus Novus, wie der kunstsinnige Kardinal Capelloni sich ausdrückt. Erst auf der Grundlage dieser extremen Verarmung konnte sich die ganze Vielfalt unserer dynamischen Sky-Art entwickeln, die Skulptur, Malerei und dreidimensionale Filmkunst zu einer grandiosen Synthese in den Himmel hob. Selbst Bonewitschs größter Widersacher, Irenäus Stovoda, der Erfinder des vegetativen Wolkenlabyrinths, verdankt sein Vermögen letzten Endes dem Weißen Kubus.

Freilich beschränken wir uns heute nicht mehr auf den rechten Winkel. Was wir, unter Benützung von Sonnen-

und Mondbestrahlung, aus den Kommandozellen unserer Wolkenmischpulte in den Himmel zaubern, sind Kompositionen widersprüchlichster Art, statische, dynamische, kubistische, vegetative – wir nennen das unseren neuen Sky-Pluralismus. Und was die sogenannten Fulgurationen betrifft, also die Kunst der dynamischen, n-dimensionalen Blitzfigurationen, die von wohltemperierten Grollmustern begleitet sind und, wie treffend gesagt wurde, das Schlagzeug unserer Form- und Farbwitterungen darstellen, so befinden sich diese in rapider Entwicklung.

Wie sehr ist es deshalb zu bedauern, daß die Sky-Art noch immer den verschiedensten Verdächtigungen, Anschuldigungen und Anwürfen ausgesetzt ist!

Über jene unqualifizierbare Gruppe, die den sogenannten Naturhimmel zurückfordert, werden wir hier kein Wort verlieren. Diese ewig Gestrigen sollen doch zurück in den Keller gehen! Wer hat sie denn ans Tageslicht heraufgerufen?

Jene Künstlervereinigung aber, die sich der „Neue Donner" nennt und die heute überall ganz unverfroren an die Mischpulte drängt, erregt unser tiefstes Mißtrauen. Strebt sie nicht, statt den von uns vorgezeichneten Weg des pluralistischen Fortschritts einzuschlagen, in Wirklichkeit wieder zurück? Geht sie nicht, unter Überspringung des Weißen Kubus, hinter Wladimir Bonewitsch zurück bis zum gewitternden Jupiter mit Originalblitz? Und so stellen wir zum Schluß die polemische Frage: Ist der „Neue Donner" nicht vielleicht identisch mit dem uralten autoritären Donner?

Drei Märchen

Letzte Aufzeichnungen des Prinzen

Mein Entschluß, das Dornröschen wachzuküssen, steht unbeirrbar fest. Mit Frühlingsanfang habe ich das Training in den Dornenhecken wiederaufgenommen. Keinen Tag lasse ich ohne Übung verstreichen. Selbst die Träume, die mich mit uferlosen Hecken konfrontieren, müssen berücksichtigt werden. Solange man sich in den Dornen nicht *heimisch* fühlt, braucht man eine dichtere Hecke gar nicht anzugehen. Natürlich bleibt immer ein Moment – oder soll ich sagen: ein Anreiz? – der Todesgefahr, wie in jeder Wildnis, seis auf offener See, in der Wüste, im Dschungel, in der Felswand oder eben in der Dornenhecke.

Mein Instrumentarium habe ich auf das Notwendigste reduziert. Die Ausrüstung ist altmodisch, denn ich will die Vergangenheit nicht schockieren sondern wachküssen. Das allzu Komplizierte muß ebenso vermieden werden wie das allzu Einfache. Sieben Geräte verwende ich, alle solid gearbeitet und aus klassischem Material:

1) Der Transportschild aus Fichtenholz
2) Die Zugseile aus Hanf
3) Der eiserne Hakenstock
4) Die Stahlschere
5) Die Stablampe
6) Der Kompaß
7) Die Handschuhe aus Wildschweinleder

Die von mir entwickelte Technik der Heckendurchquerung bleibt im einzelnen mein Geheimnis. Das Wesentliche daran ist, daß es mir mit den sieben Instrumenten gelingt, mich durch Hecken hindurchzubohren, die dicht genug sind, den Schild samt seinem Reiter zu tragen. Meine Bewegungen im Dornentunnel sind stetig und systematisch, weder übereilt noch erlahmend: das macht die lange Übung, ohne die der Pionier sich in der von ihm gewählten Wildnis niemals behaupten könnte. Doch selbst bei den frustrierendsten Vorübungen, in denen ich scheinbar kein Ziel erreichte, war ich immer unterwegs zu Dornröschen.

Es ist klar, daß ich im Verlauf des Trainings eine große Zahl von Irrtümern entdeckte, und zwar von *fatalen* Irrtümern, die meinen Vorgängern zweifellos das Leben gekostet haben. Von der Wildnis nur zu phantasieren, sie nur in der Einbildung zu bewältigen, ist etwas ganz anderes als sich physisch in ihr zu bewegen. Wer sich unvorbereitet hineinstürzt, der muß irgendwelchen Umständen zum Opfer fallen, von denen er sich nichts träumen ließ. Manchmal ist es nur eine kleine Schwierigkeit, an und für sich harmlos, leicht zu überwinden, und dennoch tödlich für den Ahnungslosen.

Nur ein Beispiel für viele: Jeder Taucher weiß, daß er trotz der Transparenz des Wassers ab einer gewissen Tiefe in völlige Finsternis gerät. Bei einer Dornenhecke ist das zunächst wegen des Abstands der Ranken nicht ganz klar. Und doch ist eine Dornenhecke ein dreidimensionaler Wald, und in jedem dreidimensionalen Wald von Dingen, wie groß ihr Abstand auch sein mag, gerät man alsbald ins Dunkel. In unseren Wäldern herrscht nur deshalb Licht, weil sie flächenhaft sind. Eine Dornenhecke jedoch gleicht in dieser Hinsicht dem Ozean: dringt man ein, so geht es von der Dämmerung in die Nacht.

Es ist jedoch sinnlos, sich zu beklagen, daß die meisten scheitern. Wie von einer Million Samen nur wenige fruchten, so gelangt in unserem Fall nur ein Bewerber durch die Nacht. Und damit basta.

Zweifellos dachten viele der Prinzen, sie könnten eine schnurgerade Richtung durchhalten, direkt auf die Schloßmauer zu; doch nach vielversprechendem Anfang mußten sie auf einen jener wahllosen Kurse geraten, die, wenn man sie hinzeichnen würde, als Irrfahrt im Dunkeln jene Zuckungen vor dem Ende symbolisierten, wie man sie von fehlgeschlagenen Fahrten kennt. Man meint dann, sich immer noch geradlinig zu bewegen und bewegt sich doch unweigerlich in Kurven und Schleifen, und der ist doch der Glücklichste, der das Licht wieder zunehmen sieht und, in der freudigen Erwartung Dornröschens, plötzlich aus der Hecke ins Freie taumelt, nur wenige fußbreit von seinem Ausgangspunkt entfernt.

Alle diese steckengebliebenen Prinzen – sind sie nicht schon Produkte einer unaufhaltsamen Dekadenz? Blaublütig zwar, aber ohne Sinn für Realität? Auch ich kann von mir behaupten, ich sei ein echter Prinz, kann es nachweisen, wie man an Hand von Stammbäumen die Reinrassigkeit eines Tieres nachweist – aber was nützt blaues Blut, wenn die Szenerien verschwunden sind, in denen reinrassige Prinzen sich entfalten könnten?

Mein Realitätssinn ist besser entwickelt als der meiner Vorgänger, aber das ging auf Kosten einer standesgemäßen Umgebung. Dies ist einer der Gründe, warum ich mich durch die Dornenhecke in die Vergangenheit zurückarbeiten will, wo meine Vorfahren schlafend liegen in ihrem echten Milieu, in der Originalumgebung sozusagen, wie sie vor hundert Jahren gewesen ist.

Unglaublich, was sich in hundert Jahren alles ereignen kann! Das gibt es nur bei den Menschen, oder genauer: nur beim Pöbel. Er bringt es fertig, in dieser kurzen Zeitspanne die Welt zu überfluten und bis zur Unkenntlichkeit zu entstellen. Man schaut hundert Jahre zurück und glaubt, eine Märchenwelt zu erblicken.

Höchst unstandesgemäß sind diese Veränderungen, höchst unanständig. Und unanständig ist es, wenn ein Prinz wie ich zur Feder greift. Schreiben ist ein trauriger Ersatz für ein standesgemäßes Leben, ein Geschäft für

Domestiken! Und heute gibt es Prinzen, die nicht davor zurückschrecken, unanständige Abhandlungen im unanständigen Stil der Akademiker zu verfassen und sich dann sogar den Doktorhut aufzusetzen. Das ist das Ende.

Aber nicht nur Dissertationen – auch Liebesgeschichten sind Erfindungen der Bürgerlichen, die sich bemühen, ihre Affären hinaufzustilisieren. Was mich betrifft, soll jedenfalls niemand glauben, ich hätte es, da doch Königreiche längst nicht mehr zu haben sind, nur mehr auf Dornröschen abgesehen. Vielmehr lockt mich der Reiz einer spektakulären Tat. Vor allem will ich Aufsehen erregen, aber nicht das Aufsehen meiner Adelsgenossen, die sich entweder dem sogenannten Dolce Vita widmen, oder, was mir noch weitaus blamabler erscheint, sich *seriösen* Tätigkeiten innerhalb des bürgerlichen Betriebs zuwenden, etwa gar der profanierten Politik. Dergleichen ist für Unsereinen verächtlicher als gemeiner Raubmord, der immerhin noch die Farbe des Blutes zeigt.

Das Seriöse ist das Grauenhafte; wo es sich aufspielt, lob ich mir alle Arten von Schwindel. Selbst das Dolce Vita gibt noch Hinweise auf vergangenen Glanz, so wie der letzte korrumpierte Engel, den ein Stümper malt, noch auf Raffael deutet.

Als Prinz bin ich der Ewig Gestrige, und mein fortschrittlichstes Gerät ist die Zeitmaschine, die mich zurückbringt. „Der erste Mensch, der hundert Jahre in der Zeit zurückreiste", wird es einmal von mir heißen. Indem ich die Dornen durchquere, reise ich in die Vergangenheit, die unter der Hecke schlafend auf mich wartet. Ich hoffe nur, sie hatte im Schlaf keine bösen Träume. Denn daran ist wohl kein Zweifel: Mein Kuß, der sie aufwecken wird, kann auf sie nur zerstörend wirken.

Denn alles Schlafende, das wir, die Wachenden, erwecken, oder auch nur berühren, zerfällt in kürzester Frist, seien es nun die letzten Eingeborenen, die im

Dschungel ihren Träumen nachjagen, oder die letzten Schläfer unter der Dornenhecke: wir brauchen sie nur anzuhauchen – und schon beginnen sie sich zu zersetzen. Wir sind die Meister der Weltanalyse, und was wir angreifen oder wachküssen, das zerfällt in Atome. Könnten wir als Touristenschar eine Zeitreise in unsere eigene Vergangenheit unternehmen, wir würden sie zerstören und in die Luft sprengen.

So kann auch ich dem verwunschenen Schloß nichts anderes bringen als den Untergang. Das Reich wird man auflösen, den König pensionieren. Was aber das Dornröschen betrifft, so ist in ihrem zarten Alter noch alles offen. Schön wird sie ja sein, und es ist ein gewisser Trost, daß mir nicht, wie dem Bergfex, ein Eisgipfel winkt, sondern ein warmer Alkoven. Doch ihre Mentalität wird mir schwerlich liegen. Wenn schon die Chancen, die Dornenhecke zu durchdringen, so gering sind, so ist die Chance, daß der erste, der durchkommt, auch zu Dornröschen paßt, geradezu verschwindend klein.

Eines ist allerdings zu bedenken: Das Benehmen Dornröschens, das sich vor hundert Jahren ausbildete, muß zunächst entzückend altmodisch wirken. Auf keinen Fall wird sie Wörter und Redewendungen gebrauchen, die alles vereisen, was der Augenschein aufweckt.

Und was *meine* Wirkung auf Dornröschen betrifft, so wird mir, jedenfalls am Anfang, das Geheimnis des Fremdartigen zuhilfe kommen, das den „Mann aus der Zukunft" umgibt. Eine ungeheure Überlegenheit scheint ihm anzuhaften, ein Wissen um tausend neuartige Dinge und Zusammenhänge, zu denen er den Schlüssel in der Hand hat.

Lernt aber Dornröschen dann unsere Welt kennen, so wird sie sich bald fragen, worin unsere Geheimnisse denn liegen. Eine emanzipierte Freundin wird zu ihr sagen: Was findest du eigentlich an diesem Wachküsser, an diesem

43

arroganten Anachronisten? Hat er denn nur deshalb, weil er sich als Leistungssportler betätigte, irgendein Recht auf dich? Einige Romantiker unter den Prinzen, die vielleicht schon in den äußersten Schichten der Dornenhecke stecken blieben, waren vermutlich weit begabtere Liebhaber als er. Wer sagt denn, daß ein guter Heckendurchbohrer auch ein guter Liebhaber ist?

Solche Sticheleien werden mich allerdings kaum betrüben. Das Wachküssen selbst ist auf alle Fälle ein seltenes, kostbares Ereignis. Ich darf nicht vergessen, mich vorher am Schloßbrunnen zu waschen. Dann werde ich von der ersten Überraschung profitieren, und alles weitere dem Zufall überlassen.

Der ganze Hofstaat, der da aufwachen soll, wird allerdings lästige Probleme aufwerfen. Die Sache ist überaus bezeichnend: Man will ein Mädchen wachküssen, und was sich erhebt, ist ein Hornissenschwarm. Zuerst werden sie alle die Dankbaren spielen, und dann, bei der ersten Gelegenheit, ihre Forderungen stellen. Einige werden schließlich so weit gehen, Schadenersatz dafür zu verlangen, daß man sie nicht habe weiterschlafen lassen.

Die jüngeren Leute wird man irgendwo unterbringen; von den älteren werden die Domestiken keine besonderen Schwierigkeiten machen; doch bei den anderen wird es, je höher sie in der alten Hierarchie standen, zu desto größeren Komplikationen kommen. Wer daran gewöhnt war, auf seine Façon zu kommandieren und die dazugehörigen Privilegien zu genießen, wird kaum verstehen, daß in einer anderen Zeit weder die entsprechenden Befehlsstrukturen und Befehlsempfänger, noch die entsprechenden Gelegenheiten zum Genuß mehr vorhanden sind.

Die privilegierte Schicht einer bestimmten Gesellschaftsform, samt ihrem Anhang von Hochstaplern und Künstlern, ist, sofern sie überlebt, in der darauffolgenden Epoche reif fürs Narrenhaus. Man muß also damit rechnen, daß einige der älteren Würdenträger und auch einige der Würdenträgerinnen, insbesondere dann, wenn ihre physische Anziehungskraft erloschen ist, in Irrenanstalten untergebracht werden müssen, wo sie ihre alte Bedeutung weiterhin unter Beweis stellen können.

Ursprünglich hatte ich daran gedacht, den ganzen Hofstaat im Schloß zu belassen, und das Bauwerk samt Dornenhecke als Reservat erklären zu lassen. Durch einen unterirdischen Gang hätten die Touristen Zutritt erhalten, Demokraten aus aller Herren Ländern, deren Herzensbedürfnis es ist, Stätten des Aberglaubens, feudale Einrichtungen und alte Folterkammern zu besichtigen. Mit dem Eintrittsgeld hätte man leicht einen Hofstaat finanzieren können.

Aus psychischen Gründen bin ich von dieser Idee abgekommen. Kann man es einem echten König zumuten, auf seine alten Tage wie ein Löwe im Zoo zu figurieren? Soll ein echter Hofstaat seine Tage als Fotomotiv beschließen? Und ich selbst samt Dornröschen, der notorische Wachküsser und die notorisch Wachgeküßte: sollen wir uns für Geld unter der Dornenhecke zeigen?

Warum nicht? möchte man sagen, ein Beruf wie jeder andere, dazu weit weniger „arbeitsintensiv" (um einen Fachausdruck zu verwenden) als die meisten anderen Beschäftigungen. Einmal am Tag könnte für erhöhte Eintrittspreise das berühmte Wachküssen gezeigt werden. Wer wird sich auf dem heutigen Arbeitsmarkt mit aristokratischen Empfindlichkeiten herumschlagen?

Aber, wie gesagt: aus psychologischen Gründen bin ich davon abgekommen, zu diesem Zweck die Originale einzusetzen. Das Reservat, der sogenannte „Monarchiepark Dornröschenschloß", soll zustandekommen – das versteht sich unter den einmaligen Bedingungen von selbst –, aber die Rollen sollen mit Schauspielern besetzt werden.

Selbst zweitklassige Komödianten werden hier echter wirken als die Originale, die wohl schon nach kurzer Zeit in Resignation versinken müßten, so daß Rufe wie „Das soll ein echter König sein?" oder „Das soll das Dornröschen sein?" an der Tagesordnung wären.

Ich bin überzeugt davon, daß der Monarchiepark auch mit sogenannten Hofschauspielern soviel abwerfen wird, daß er uns ein standesgemäßes Leben erlaubt.

Dazu habe ich eine Entdeckung gemacht, die über die Idee des Monarchieparks weit hinausreicht. Es handelt sich dabei um die Verwertung des Dornröschenschlosses als Verpackungskunstwerk der Natur. Wie ich zeigen werde, ist die Natur nicht nur die erste und älteste, sondern auch die weitaus größte Verpackungskünstlerin. Infolge ihrer fast unbegrenzten Ausdauer und der Unerschöpflichkeit der Ressourcen ist ihr die Größe des zu verpackenden Objekts völlig gleichgültig. Wer weiß, ob sie nicht eines Jahrtausends einen ganzen Planeten samt Bevölkerung einpacken wird?

„Rings um das Schloß aber," so heißt es in unserem klassischen Text, „begann eine Dornenhecke zu wachsen, die jedes Jahr höher ward und endlich das ganze Schloß umzog und darüber hinauswuchs, daß gar nichts mehr davon zu sehen war, selbst nicht die Fahne auf dem Dach."

Aber diese höhere Verpackungskunst ist bei weitem nicht alles. Dazu kommt jetzt eine menschliche Kunstbetätigung, nämlich der Aktionismus der Prinzen, also gewissermaßen, wenn wir die Kunstgattung wissenschaftlich benennen wollen, der *feudale Aktionismus*. Von allen Seiten beginnen die Königssöhne die Verpackung anzubohren, um ins Innere, also in die Zone des Verpackten, vorzustoßen. Über allen Löchern und Gängen könnte jedoch die Inschrift „Sackgasse" stehen, denn sie enden jeweils mit einem Prinzenskelett, das in irgendeiner finalen Stellung erstarrt in den Dornen hängt.

Das Ganze erinnert, oberflächlich betrachtet, an eine

Insektenfalle, die ein süßes Gift enhält, das ein wildes Schwärmen mit tödlichem Ausgang bewirkt. Eine Prinzenfalle mit einem Köder namens Dornröschen, oder, nüchterner betrachtet, mit der vagen Chance, ein Königsreich zu gewinnen.

Da aber die Königreiche indessen zerfallen sind, wird dies alles ins Reich des „interesselosen Wohlgefallens", also ins Reich der Kunst transponiert. Und da erscheinen uns nun Kompositionen auf rechteckigen Flächen und plumpe Skulpturen aus Stein- oder Metall neben der souveränen multidimensionalen Verpackungskunst der Natur, neben dem süßen Gift des Köders und dem feudalen Aktionismus der Prinzen geradezu als armselige Vorstufen der Kunst. Wir werden hier, nach meiner Pioniertat, endlich das lang gesuchte Gesamtkunstwerk vor Augen haben, dessen Zeitdimension allein ein Jahrhundert umfaßt. Ein mächtiges Symbol des Lebens: Im Innersten, gleichsam im Ziborium, befindet sich die verlockendste Speise, doch sie erweist sich als Köder in einem tödlichen Netz, das als Dornenhecke gestaltet ist. In diese arbeiten sich die Glücksritter hinein, die einen nur ein kleines Stück – und schon sind sie erledigt, die anderen tiefer, bis zur Hälfte vielleicht, und einige wenige erreichen mit den Händen beinahe die Schloßmauern, doch diese Hände sind skelettiert. Alle diese Skelette in der Finsternis der Dornenhecke und dahinter die paralysierte Schönheit – unerreichbar, weil der günstige Augenblick noch nicht gekommen ist.

Ist er dann gekommen – und ich glaube, meine historischen Nachforschungen zeigen, daß ich ihn zu fassen kriege –, so ist die Märchenbeleuchtung erloschen, der König kein König mehr, und die Schönheit beginnt nach einem flüchtigen Kuß zu zerfallen.

Ich will mich nicht beklagen. Was mir übrig bleibt, ist die Präsentation des Schlosses als Vollendung der Kunst. Die

Dornenhecke soll möglichst wenig beschädigt werden. Den Hofstaat will ich durch meine enge Tunnelröhre auf dem Transportschild herausziehen, Mann für Mann, Frau für Frau. Sie müssen sämtlich durch Hofschauspieler ersetzt werden. Ein unterirdischer Gang wird dann allen Kunstbetrachtern und Enthusiasten Zutritt gewähren.

Heute ist der längste Tag. Die Wetterprognose ist günstig. Den Transportschild auf dem Rücken, die Zugseile aus Hanf um den Hals, den eisernen Haken und die Stahlschere in den Händen, die von schweinsledernen Handschuhen geschützt sind, Kompaß und Stablampe in der Tasche, werde ich unverzüglich in Richtung Schloß aufbrechen. Dornröschen, ich bin auf dem Weg zu dir!

Zwerg Nase

oder: Wie man durch eine Gans um die Genialität
gebracht werden kann – Eine Nacherzählung

Manchmal hört man das Märchen von der guten Hausfrau,
die vorzüglich kocht. In Wirklichkeit aber wurde die
Kochkunst von Hexen und Männern beherrscht. Zur Zeit
des Matriarchats erfanden Hexen die Kochkunst, oder
vielmehr Zauberinnen, denn erst später, als Männer
kommandierten, wurden die Zauberinnen als Hexen ver-
folgt, als Überbleibsel einer vergangenen Epoche, die in
Mißkredit gekommen war. Über die Gegenwart wollen
wir schweigen. Doch Eingeweihte wissen noch, daß die
großen abendländischen Kochkünstler, von Apicius bis
Escoffier, ihre Kunst den Hexen verdanken. Dies zeigt
unsere Geschichte.
Die Hexe erscheint auf dem Markt, um geeignete Kräuter
aufzuspüren. Mit braunen Spinnenfingern greift sie
danach, beriecht die Waren mit häßlicher Nase. Das erregt
den Abscheu der Hausfrauen. Kaum zeigt sich das außer-
gewöhnliche Talent auf dem Markt, wird das Volk schon
von Ekel, Verdacht und Verleumdung ergriffen. Man
beginnt zu flüstern.
Kunst fängt an bei der heiklen Auswahl des Materials. Sie
verachtet die Preisschilder, sie riecht und wittert umher,
sie prüft mit kaltschneuziger Nase.
Jakob, der Sohn des Marktweibs, schon halb verdorben
durch Eltern- und Schulweisheit, fährt die Hexe mit Grob-
heiten an und stört die Verkaufsatmosphäre. Seine Mutter, die im Interesse des Geschäftes lauernd zusieht, wenn
ihre Waren betastet werden, ist darüber erschrocken.
Doch die Hexe lacht, erkennt sogleich die Renitenz des
Knaben, die es nur umzuleiten gilt. In dem steckt noch

etwas! Sie nimmt ihn also mit. Er soll ihr „tragen helfen".
Wer einer Hexe einmal tragen hilft, der kommt nicht auf
den Markt zurück, der verliert sich in Seitengassen, in
Höhlen oder Palästen, der macht mit Düften und Giften
Bekanntschaft, der wird in ein Tier verwandelt.

Und Jakob muß in ein Tier verwandelt werden, sich sozusagen gesundbaden in tierischer Existenz, sonst würde er
sich von der Familienerziehung nicht mehr erholen,
könnte nie mehr mit dem Urgeschmack der Elemente und
Wesen in Berührung kommen. Wie der Gott in die Hölle,
so muß der Meisterkoch eingehen in Tiere und Pflanzen.

Sieben Jahre muß er lernen in der Hexenküche, die das
Gegenteil der Küche einer modernen Hausfrau ist. Kräuter, Säfte, Gewürze, Flammen und Tiegel, Kraft der Wur-
zeln und Eingeweide, Verwandtschaft brutzelnder Fasern
mit dem schweren Metall der Pfanne, braune Krusten über
der Holzkohle, Geheimnis des Abschreckens, Über-
gießens, Triefens, Schmorens und Gratinierens – zwecklos
dies alles aufzuzählen, denn niemals kann jene Trance her-
aufbeschworen werden, die den Meister erfaßt, wenn die
Handgriffe zu gewissen Speisen mechanisch geworden
sind und er sich nur mehr in die feinsten Nuancen ver-
senkt, die das Vollkommene ausmachen.

Sieben Lehrjahre also, erst ein Tier, dann ein verwachse-
ner Zwerg. Nun ist er verloren für die Welt der Zwecke
und Gewinne. Was kann er denn schon? Kochen! Ein Virtuose der flüchtigen Geschmackseffekte, und dafür sieben
Jahre Training, eine verschrobene Figur, eine verkrüp-
pelte Psyche, und die Nase ein öffentliches Ärgernis!

Jakob aber, naiv wie er geblieben war, ging als Deformier-
ter in sein Elternhaus zurück, behauptete der Sohn zu sein
und wunderte sich, daß ihn die Eltern nicht mehr erkann-
ten. Wäre er schon berühmt gewesen, hätten sie ihn vielleicht erkannt und gnädigerweise an seiner Nase vorbei-
geblickt. Den dahergelaufenen Zwerg konnte natürlich

keiner erkennen, und der Vater zeigte, nach uralter Ahnensitte, auf die Tür.

Wohin wendet sich der Virtuose? Wo wird er nicht verdächtigt, wo kommt er nicht ins Zwielicht, wo wird er nicht lächerlich gemacht? Bei den Kennern, bei den reichen Mäzenen, die ihn brauchen, um sich den Anschein höherer Kultur zu verleihen. So kam er zum Herrscher ins Schloß. Heute freilich stünde dieser Weg nicht mehr offen, es sei denn, er könnte Parolen statt Saucen erfinden – doch wir haben gesagt, von der Gegenwart wollen wir schweigen.

Damals also verstand sich der Herzog auf Müßiggang, Mätressen, Feste und Kunst. Er hatte instinktive Witterung für das, was aus Hexenküchen stammte: Kontakt von Nase zu Nase. So machte der Zwerg im Schloß Karriere, inmitten der Hofintrigen und Vergiftungsversuche der anderen Köche. Freilich mußte er jederzeit gewärtig sein, vom Herzog getreten zu werden, aber das gehörte zum Risiko seiner Berufung.

Beim Einkaufen – er kaufte ebenso wählerisch ein wie seine Lehrerin, die Hexe – lernte er nun eine Gans namens Mimi kennen. Eigentlich hatte er sie zum Verspeisen bestimmt, aber sie rührte ihn durch menschliches Reden. Sollte ihm, dem Zwerg, das banale menschliche Glück versagt sein? Mimi machte ihm Mut. Auch sie war ja verzaubert, eine zum Schlachten bestimmte Gans, und hoffte doch, eines Tages Hausfrau zu werden, Kinder zu bekommen. Und sie wußte auch, wo das Kraut gewachsen war, das ihm, Zwerg Nase, seine frühere Gestalt wiedergeben würde, Und er roch an diesem Kraut. Seine Nase schrumpfte, sein Höcker bog sich ächzend zurecht: er war der schönste junge Mann. Mit Mimi entfloh er dem Schloß und seinen Intrigen, auch sie bekam reizende Menschenzüge, und die Eltern öffneten weit ihre Arme.

Hier endet, in weiser Beschränkung, die Geschichte. Es

wird nicht einmal gesagt, daß die beiden einander geheira-
tet hätten. In uns aber erhebt sich ein schwerer Verdacht:
Am Ende sehen alle so unheimlich menschlich aus, sozusagen zum Erschrecken menschlich. Man hat sich an Hexen,
Zwergen und verzauberten Mädchen vergnügt und kann
nun mit diesen tadellosen Menschen nichts mehr anfangen. Und unser Gaumen? Bleibt Jakob ein Meisterkoch?
Oder kommt es zu einer Krise in seiner Kunst? Vielleicht
kocht er nur noch ab und zu mit halber Aufmerksamkeit
ein Gericht, liest zunehmend Zeitung, die Kinder abweh-
rend, die sie ihm wegreißen wollen, und ruft manchmal,
wenn aus der Küche die fragende Stimme Mimis ertönt,
ärgerlich den Namen irgendeines Gewürzes hinüber, fügt
aber gleich hinzu: „Das hast du ohnehin nicht, also lassen
wir's bleiben!"

Softie und Emanze

Ein Softie und eine Emanze, die lebten zusammen in einem Haushalte und saugten Haschisch aus kleinen Papirossy. Da verbrannte sich Emanze beim Rauchen die Finger. Darüber fing Softie an, laut zu weinen. Da sprach der Lautsprecher auf der Kommode: „Softie, was weinst du?" -„Weil Emanze sich verbrannt hat." Da fing der Lautsprecher zu pfeifen an. Da sprach das Telefon in der Ecke:

„Lautsprecher, was pfeifst du?" – „Soll ich nicht pfeifen?
    Emanze hat sich verbrannt,
    Softie weint."

Da fing das Telefon an, entsetzlich zu schrillen. Da kam ein Lift vorbei und rief: „Telefon, was schrillst du?" – „Soll ich nicht schrillen?

    Emanze hat sich verbrannt,
    Softie weint,
    Lautsprecher pfeift."

Da sprach der Lift: „So will ich hinuntersausen", und fing an, entsetzlich hinunterzusausen. Da schrie ein Terrorist, an dem der Lift vorbeisauste: „Lift, was saust du?" – „Soll ich nicht sausen?

    Emanze hat sich verbrannt,
    Softie weint,
    Lautsprecher pfeift,
    Telefon schrillt."

Da sprach der Terrorist: „So will ich sprengen", und fing an, entsetzlich zu sprengen. Ein Polizist, der die Staubwolke sah, lief herbei und sprach: „Terrorist, was sprengst du?" – „Soll ich nicht sprengen?

> Emanze hat sich verbrannt,
> Softie weint,
> Lautsprecher pfeift,
> Telefon schrillt,
> Lift saust."

Da sprach der Polizist: „So will ich Alarm schlagen", und fing an, entzetzlich Alarm zu schlagen. Da meldete sich der Präsident im Polizeifunk und sprach: „Polizist, was schlägst du Alarm?" – „Soll ich nicht Alarm schlagen?

> Emanze hat sich verbrannt,
> Softie weint,
> Lautsprecher pfeift,
> Telefon schrillt,
> Lift saust,
> Terrorist sprengt."

Da sprach der Präsident: „So will ich auf den Knopf drücken", und drückte entsetzlich fest auf den Knopf. Da erwachte das uralte Chaos und sprach: „Präsident, was drückst du auf den Knopf?" – „Soll ich nicht auf den Knopf drücken?

> Emanze hat sich verbrannt,
> Softie weint,
> Lautsprecher pfeift,
> Telefon schrillt,
> Lift saust,
> Terrorist sprengt,
> Polizist schlägt Alarm."

„Ei", sagte das uralte Chaos und wischte sich den Schlaf aus den Augen, „so will ich ausbrechen", und fing an, entsetzlich auszubrechen. Und das Chaos hat alles verschlungen, Präsident, Polizist, Terrorist, Lift, Telefon, Lautsprecher, Softie, Emanze, alles miteinander.

Kleines Album für Außenseiter

Ist hier jemand?

„Ist hier jemand?!" ruft der heimkehrende Landesrat um 2 Uhr früh in den dunklen Keller seiner Villa hinab.
Vergeblich dreht er am Lichtschalter. War etwa die Birne durchgebrannt?
Eben hatte er doch dort unten ein Geräusch gehört, eine Art Flaschenklirren.
„Ist hier jemand?!"
Welche Antwort erwartet der Herr Landesrat?
Erwartet er die Antwort „Nein!"?
Sie wäre absurd.
Erwartet er die Antwort „Ja!"?
Sie wäre wenig wahrscheinlich.
Wahrscheinlicher ist ein zweites, lauteres Klirren, eine Art Resonanz, ausgelöst vom Zittern der Fragestimme.

Diebsglück in der Nachsaison

Heilige Stille im nächtlichen Villenviertel, nur das leise Klicken vorzüglicher Werkzeuge, mit denen sich der Dieb systematisch und fachgerecht durch das verlassene Sommerhaus des Millionärs hindurcharbeitet, durch einen wahren Dschungel von Schlössern und Verschlüssen.
In einer Entfernung, die so groß ist, daß dort noch immer oder schon wieder die Sonne scheint, liegt der Millionär auf einer Couch, und mit der Ruhe und Autorität des Experten macht sich der Analytiker an seiner Psyche zu schaffen, tastet sich hinab bis zur Kindheit, durch einen wahren Dschungel von Phobien und Komplexen.

Der geistige Höhepunkt eines Bankraubes

Die fünf Spezialisten, noch verschmutzt von anstrengender Präzisionsarbeit, stehen unter einer nackten Glühlampe um den Koffer herum, den der eine jetzt öffnet:
Sie starren in ein Geflimmer von Banknoten, in einen Ozean, durch den sich glänzende Fische und undeutliche Monstren bewegen, getaucht in ein Licht, das im nächsten Augenblick schwinden wird, wenn sie dann bei der Teilung die Waffen in ihren Rocktaschen wieder zu spüren beginnen.

Wahl zur Miß Schönheitsoperation

Zur heurigen Miß Schönheitsoperation wurde die 73-jährige Miß Nancy Carnage gekrönt. Wie sie vor Pressevertretern erklärte, wird sie bereits seit 30 Jahren operiert. Damals, so erzählt sie, hatte sie Anstoß an der blauen Farbe ihrer Augen genommen, die sie kastanienbraun einfärben ließ; heute sind sie meergrün beide bereits ersetzt. Miß Carnage wurde bis jetzt dreimal geglättet. Ihre Lippen sind leicht negroid, ihr Busen birnenförmig onduliert. Ihre Pläne für die Zukunft: zunächst sollen die Stimmbänder nachgespannt, dann eine neuerliche Generalglättung der Haut vorgenommen werden. Wie ihr Arzt Dr. Sketch erkärte, könne man heute den Renaissancetraum von der *'donna ideale'* leicht verwirklichen.

Der Spion

Verrat ist ein faszinierendes Geschäft.

Die Pläne der Politiker, Manager und Geschäftsleute, insbesondere die der Militärs, sind es immer wert, verraten zu werden.

Die Prozedur, mit der man sie im geheimen ausheckt, scheint ihnen, bildlich gesprochen, eine gewisse Lüsternheit zu verleihen, die sich nach den Aufmerksamkeiten eines Spions sehnt.

Im Verrat wirkt eine Art Wollust, ein grenzverletzendes Überfließen. Dabei wird das Geheimste, am besten Verborgene plötzlich, fast möchte man sagen: orgiastisch, preisgegeben.

Der Spion ist ein virulentes Teilchen, das sich im vollen Bewußtsein seiner Schädlichkeit, ja in der Freude an ihr, zwischen den Machenschaften und Intrigen im Inneren eines Sozialkörpers geschickt und elastisch bewegt.

Der jungfräuliche Spion!

Denn der entlarvte Spion, dessen im grunde lächerliche Pudenda man ans Tageslicht gezerrt hat, ist nichts mehr wert und hat seinen Charme mit der Maske verloren.

Der Majestätsbeleidiger vor dem 1. Weltkrieg

Ich liebte die Majestät, sonst hätte ich nicht beleidigt. Doch was in sie einschlüpfte, hat mich gekränkt. Ich hoffte noch im Geheimen, während mein Kopf mir sagte: nie wieder!

Sonst, so dachte mein Kopf, wäre ich doch längst gerollt.

Niemals war ich hingetreten vor die Majestät, hatte ihr nie die Röte ins Gesicht getrieben. Die Majestät kannte mich gar nicht, hatte nie von einer Beleidigung gehört.

Und selbst wenn sie davon gehört hätte, hätte sie kein Wort verstanden. Dabei hatte man es nicht einmal mehr mit aristokratischem Schwachsinn zu tun.

Wenigstens, so dachte ich in der Zelle, läßt man mir noch den Titel: Ich bin *Majestätsbeleidiger*! Das wird es bald nicht mehr geben.

Forschung in Österreich

Synthetische Erinnerungen für Senioren

Nach der Abschaffung der alten Menschen und Greise – sie wurden bekanntlich durch *Senioren* ersetzt – ist der nächste logische Schritt die Abschaffung der unangenehmen Erinnerungen. Für den biopositiven Senior sind unangenehme Erinnerungen ein ausgesprochener Ballast. Man kann sogar sagen, daß, streng genommen, auch die banalen, indifferenten Erinnerungen überflüssig sind. Für den Menschen, der noch im Berufsleben steht, haben selbstverständlich alle Erinnerungsarten eine gewisse Bedeutung, weil die Abschaffung gewisser Erinnerungsteile unter Umständen seine Erwerbsfähigkeit beeinträchtigen könnte. Wir werden daher erst nach Eintritt der Pensionierung damit beginnen, die nunmehr zwecklos gewordenen Erinnerungspartien zu löschen.

Wenn sich der Senior, nach erreichter Pensionierung, zum Abspecken ins Sanatorium begibt, kann er sich dort im neurologischen Trakt von allen unerwünschten Erinnerungen befreien lassen, wobei es sich ausgesprochen günstig auswirkt, wenn der physische und der psychische Ballast gleichzeitig abgeworfen werden. Man spricht dann von einer *kombinierten Verjüngungskur*, zu der als flankierende Maßnahme noch eine Hautglättung angeboten wird.

Das Löschen der negativen Erinnerungen stellt heute kein Problem mehr dar. Allerdings beobachtet man, daß manchmal an der Stelle, wo sich die negativen Erinnerungen befunden haben, eine gewisse Leere zurückbleibt. Unser nächstes Ziel muß es deshalb sein, in diese freigewordenen Leerstellen positive Erinnerungsinhalte zu transplantieren, die aus dem Wunschleben des Seniors entnommen werden. Hier stehen wir vor dem Problem der *synthetischen Erinnerung*, das für die moderne Seniorologie zentral ist. Der voll sanierte Senior der Zukunft wird, sobald erst einmal die Leerstellen seines Datenspeichers durch positive synthetische Inhalte besetzt sind, schon rein äußerlich an einem gewissen Lächeln der Zufriedenheit erkennbar sein, das ihn überhaupt nicht mehr verläßt.

Die Vienna-Nachtigall-AG
Ein Interview

R.: Wir stehen hier auf dem Gelände der Vienna-Nachtigall-AG, jener Kunstindustrie, die den Ruf der Donaustadt von neuem in alle Welt getragen hat, so daß man ruhig sagen kann: Seit den Melodien von Johann Strauß hat nichts mehr die Welt so beseligt wie der singende Parkbaum aus Wien. Unsere politische Weltgeltung mag angeschlagen sein – die Macht über die Herzen ist uns geblieben. Vor uns steht Herr Ingenieur Woschizka, der Nestor der Wiener Nachtigallenindustrie. Herr Ingenieur, wie ist die Lage auf dem Nachtigallsektor?

W.: Die Entwicklung ist ausgesprochen positiv, die Exportkurve für Nachtigallen hat steigende Tendenz. In den letzten 5 Jahren ist die Produktion von 10 000 Nachtigallen täglich auf 15 000 gestiegen.

R.: 15 000 Nachtigallen pro Tag! Man sieht, daß es bei uns, trotz der Unkenrufe der Kritiker, noch Industrien gibt, deren Exportkurve sich sehen lassen kann! Herr Ingenieur, woraus besteht denn nun eigentlich die Vienna-Nachtigall?

W.: Die Vienna-Nachtigall besteht im wesentlichen aus einem elektrischen Generator, der sich bei Einbruch der Dämmerung selbsttätig einschaltet und original-Nachtigallstimmen ausstrahlt, wie sie seinerzeit von den letzten Exemplaren der Gattung live aufgenommen wurden. Als Trägerbaum findet vor allem der Ren-Gong-Schu aus Hongkong Verwendung, der im allgemeinen nur von Experten als Naturkopie erkannt wird. Die Probleme der Akustik und der Tonqualität sind auf eine Weise gelöst, die jedem Passanten das Original-Nachtigallenerlebnis ermöglicht, dessen therapeutische Wirkung auf die überreizten Nerven des Großstädters von Experten der Stanford Universität nachgewiesen wurde.

R.: Ein Klangerlebnis, das uns die Sympathien der Welt, die unsere Staatsmänner so oft verscherzen, wieder zurückgewinnt! Wer kennt ihn nicht, diesen Sound? In allen Metropolen der Erde beginnt bei Einbruch der Dämmerung die Vienna-Nachtigall aus den beleuchteten Parkbäumen zu singen. Nach dem Streß des Tages schöpfen die Menschen aus der Stimme der Vienna-Nachtigall neuen Mut für den Lebenskampf. Herr Ingenieur Woschizka, wir danken Ihnen für dieses Gespräch.

Erst laut, dann in der Ferne verschwebend, ertönt der berühmte Sound aus den Hallen der Vienna-Nachtigall-AG.

Ohrenwurst aus Österreich

Die berühmte Ohrenwurst von Brigalaure, die von den Eingeborenen dieser Insel aus den Ohren der bedauernswerten Matrosen, die dort an Land gingen, zubereitet wurde, diente der 1. Wiener Ohrenwurst Ges.m.b.H. als Vorbild.

Eine Mischung von Fleisch und Knorpeln, wie das menschliche Ohr sie anbietet, ist bekanntlich zur Verwurstung besonders gut geeignet. In der gesitteten Welt war allerdings bisher eine Verwurstung menschlicher Ohren aus humanitären Gründen verpönt.

Das änderte sich jedoch, als die Träger und vor allem die Trägerinnen mißgestalteter oder häßlicher Ohren sich diese in zunehmenden Maß durch Plastik-Transplantate ersetzen ließen. Die wohlgefälligen Transplantate, die heute in 24, teils von Künstlern entworfenen Formen erhältlich sind, bewähren sich voll und ganz, und dies vor allem deshalb, weil eine Aus- und Abstoßungsreaktion bei einem Organ, das sich ohnehin bereits außerhalb des Körpers befindet, nicht zu befürchten ist.

Der Anfall an menschlichen Ohren in Österreich beläuft sich heute auf 80 000 Paar pro Jahr, davon 60 000 weibliche, die sich wegen ihrer Zartheit zur Verwurstung besonders empfehlen (Ohrenwurst extra).

Die Stimmen gewisser Moralisten, die angesichts der Ohrenverwertung von Kannibalismus gesprochen haben, sind indessen verstummt. Schließlich ist ein Verfaulen eines so umfangreichen Ohrenmaterials wesentlich unerquicklicher als eine Verarbeitung zu frischer Wurst, wobei noch hinzukommt, daß die Ohrenverkäufe an die Wiener Ohrenwurst Ges.m.b.H. einen Teil der Operationskosten decken.

Der Toe-Loop-Drehzähler

Seit der sechsfache Toe-Loop des Russen Rotatschnikow von vier Schiedsrichtern als fünffacher, von einem, dem amerikanischen, sogar nur als vierfacher gezählt wurde und erst eine nachträgliche Analyse der in Zeitlupe abgespielten Fernsehaufzeichnung die sechsfache Drehung bestätigte, ist in Fachkreisen ein Streit über die Kompetenz der teilweise überalterten Unparteiischen entbrannt. Dazu kommt noch, daß Rotatschnikow selbst zugeben mußte, daß er, angesichts einer mit normaler Geschwindigkeit ablaufenden Aufzeichnung, selbst außerstande war, die eigenen Drehungen mitzuzählen.

Hier springt nun eine neue Erfindung ein: der Toe-Loop-Drehzähler des Österreichers Hirschbichler. Dieses Gerät geht über die Fähigkeiten des menschlichen Auges weit hinaus. Es kann Drehzahlen bis zu 2000 exakt registrieren, also Sprünge bis zum 2000-fach gedrehten Toe-Loop. Wie Ingenieur Hirschbichler versicherte, sei es technisch durchaus denkbar, das Ablesungs-Maximum weiter zu erhöhen, doch sei dazu vom Eislaufsport her kein Anreiz gegeben. Die ersten Prototypen des Hirschbichlerschen Toe-Loop-Drehzählers gehen sogar nur bis zu einem Maximum von 9 DPS (Drehung pro Sprung), wobei eine Anzeigetafel die betreffende Drehzahl 1/10 sec nach dem Aufsetzen des Springers in Leuchtziffern von 30 cm Höhe angibt, die von den Unparteiischen mit einem Blick erfaßt werden können.

Unsere besten einheimischen Springer halten gegenwärtig bei einem Maximum von 3 DPS. Umso erfreulicher ist es, in einem Land, das im sportlichen Duell der Supermächte schon aus finanziellen Gründen nicht mithalten kann, sozusagen die intellektuelle Seite des Drehzahlproblems

gelöst zu sehen. Östereich mißt heute Drehzahlen, von denen die Giganten vorerst nur träumen.

Wie Weltmeister Rotatschnikow betonte, sei das „gute alte Auge" zur Beurteilung modernen Kunstlaufs viel zu träg. Die Entwicklung ginge mit Notwendigkeit dahin, die Schiedsrichter nach und nach durch Computer zu ersetzen. Erst wenn das erreicht sei, werde man, erklärte Rotatschnikow, mit vollem Recht von „Unparteiischen" sprechen können.

Transporthelme für Kleinkinder und Hunde

Es erweist sich, daß Fortschritte der Weltraumtechnologie in zunehmendem Maß die Konstruktion von Geräten ermöglichen, die unserem Alltagsleben zugute kommen. So verdanken wir bekanntlich die *Teflonbratpfanne* der Entwicklung von Hitzeschilden für den Wiedereintritt von Raumflugkörpern in die Erdatmosphäre.

Ein wesentlich intelligenteres Produkt stellen nun die Transporthelme dar, die den reibungslosen Transport von Lebewesen garantieren, welche an sogenannter Translationsrenitenz leiden, also an einer gewissen Aufsässigkeit bei Transport-bzw. Reiseverschiebungen.

Translationsrenitenz beim Menschen ist ein Überrest seiner tierischen Herkunft. Für die Evolution der Tiere, insbesondere der intelligenten Säuger, war eine permanente Unruhe wichtig, ein ständiges Suchen, Schnuppern, Aufwühlen, etc., also eine gewisse Aktivitätsmanie, berechnet auf ein Milieu, das einen überhöhten Abwechslungswert aufwies.

Die moderne Translation, also die Fahrt, die Reise, der Flug, usf., läßt diese Aktivitätsmanie als überflüssig und sogar als störend erscheinen. Als konventionelles Beispiel mag das Verhalten eines Hundes bzw. eines Kindes in einem Eisenbahncoupé angeführt werden. Der niedrige Abwechslungswert des Transportprozesses führt nicht nur einen ursprünglich zweckgerichteten Trieb ad absurdum, sondern verwandelt ihn überdies in einen nicht unbeträchtlichen Störfaktor.

Der Transporthelm, ursprünglich für Weltraumflüge von Hunden und Affen entwickelt, ermöglicht nun durch gezielte elektromagnetische Einwirkung auf bestimmte Gehirnpartien eine Dämpfung des zwecklosen und uner-

wünschten Trieblebens, wobei die Translationsrenitenz mehr oder weniger zum Verschwinden gebracht wird. Dabei ist zu beachten, daß dies nicht etwa nur im Interesse des Erwachsenen bzw. des Tierhalters liegt, sondern in gleichem, wenn nicht sogar höherem Ausmaß dem Kind bzw. Hund zugute kommt, dessen Translationsrenitenz für es bzw. ihn selbst ein ausgesprochen negatives Erlebnis darstellt.

Dazu kommt noch, daß der Transporthelm neben der Dämpfung sinnloser Renitenz eine Stimulierung gewisser Lustzentren bewerkstelligt, was im Versuchsstadium sogar dazu führte, daß die VP geradezu nach dem Aufsetzen des Helms verlangte. Die vollkommene Unschädlichkeit einer rein eletromagnetischen Einwirkung braucht wohl nicht eigens betont zu werden.

Mit Hilfe des Transporthelmes lösen wir jetzt auch ein Problem, das öfters peinliches Aufsehen erregt hat: das Zurücklassen eines Kleinkindes bzw. Hundes im Wagen, während die Erwachsenen bzw. Tierhalter ein Restaurant, eine Diskothek, ein Kino, etc. aufsuchen. Die Gefährdung des deponierten Lieblings war bisher lediglich durch dessen unzweckmäßige Agilität gegeben, durch die er sich womöglich selbst Schaden zufügte.

Eine gewisse Einstellung des Transporthelms (die sogenannte R-Balance) ermöglicht nun eine Reduktion auf die Reptilienstufe des Gehirns, welche ein entsprechendes Wartestadium (bis zu 2 Stunden) garantiert, das von völliger Zufriedenheit, ja sogar von Glücksgefühlen begleitet ist. Der Sicherheitsfaktor wird noch dadurch erhöht, daß die geringste Unregelmäßigkeit von Atmungs- und Herztätigkeit durch einen UK-Kommunikator bis zu einer Distanz von 500 m (Pfeifton) an den Tier- bzw Säuglingshalter gemeldet wird. Unschädlichkeit und absolute Sicherheit des Transporthelms sind durch jahrelange Erprobung erwiesen.

Über die Effizienz unserer Feiertage

Die Effizienz eines Festes ist durch seine Dauer gegeben, die in Stunden bzw. Tagen ausgedrückt werden kann. So sind unsere stärksten Feiertage dadurch charakterisiert, daß ihre Potenz ausreicht, 48 Stunden bzw. 2 Tage für sich herauszuschlagen, wobei diese, wenigstens teilweise, der Produktion entzogen werden müssen.

Die Schwierigkeit, der Produktion, und damit dem Fortschritt, Zeit zu entziehen, erweist sich darin, daß es selbst den effizientesten Festen nicht gelingt, über einen Zeitentzug von zwei Tagen hinauszukommen.

Die größte Effizienz hat naturgemäß das Weihnachtsfest; ihm gelingt es, zwei volle Tage herauszuschlagen und dabei auch noch den *Vortag*, also den 24. Dezember, so anzuschlagen, daß er gleichsam zu taumeln beginnt und für die Produktion beinahe ausfällt. Hier beobachten wir also den Ansatz eines Festes, die ominöse 48-Stundengrenze zu durchbrechen.

Ein wichtiger Punkt für die Festforschung ist die Frage, ob ein Fest *interseptiman*, also, vulgär ausgedrückt, unter der Woche, auftreten kann oder nicht. Das Weihnachtsfest ist nun dadurch gekennzeichnet, daß es – und zwar es allein – in berechenbaren Jahresabständen *48 Stunden interseptiman* herausschlagen kann. Das gelingt keinem anderen Fest, und insofern sind wir berechtigt, hier von einem Champion unter den Festen zu sprechen. Der *flottierende Charakter* des Weihnachtsfestes, also seine Fähigkeit interseptiman zu wirken, bedingt sogar, daß es unter Umständen, die von der Forschung exakt vorausberechnet werden können, (wenn nämlich der erste Feiertag auf einen Montag fällt und wenn außerdem arbeitsfreie Samstage eingeführt sind) *vier aufeinanderfolgende freie Tage* herausschlagen kann: ein absoluter Rekord. Derselbe flottierende Charakter, der hier áls maximale Effizienz erscheint, bedingt allerdings auch eine fatale, oft unvermutete Schwäche des Champions, falls nämlich der erste Feiertag mit einem Samstag koinzidiert, wobei in solchen Mißjahren das Weihnachtsfest, wie der Fachausdruck lautet, in einem Wochenende *versackt*. Insofern also unserem effizientesten Fest diese Tendenz zum *Versacken* innewohnt, kann die Wissenschaft nicht umhin, ihm eine gewisse Unverläßlichkeit oder Unsolidität zuzuschreiben.

Zum Phänomen des *Versackens eines Festes* können wir den allgemeinen Satz aufstellen: Jedes flottierende Fest, das nicht interseptiman auftritt, muß versacken. Dieses Versacken, das auch von unbedeutenderen flottierenden Feiertagen her sattsam bekannt ist, kann nun – und das ist deshalb bemerkenswert, weil hier die entscheidende Differenz zum Weihnachtsfest zutage tritt – bei unseren übrigen 48-Stunden-Meistern, dem Oster- und dem Pfingstfest, niemals auftreten. Diese Feste sind, wie wir sagen, *septimanofix*; sie garantieren stets, mit jährlicher Pünktlichkeit, bei gegebenen freien Samstagen *drei aufeinanderfolgende freie Tage*. Vier Tage sind also hier ausgeschlossen, dafür besteht aber größere Solidität, ja 100%ige Sicherheit. Der 48-Stunden-Charakter dieser beiden Silbermedaillengewinner unter den Festen muß allerdings mit einem großen Fragezeichen versehen werden, da hier stets ein Sonntag, also ein ohnehin freier Tag, dazu herhalten muß, um die Zweitägigkeit zu sichern. Dieser mehr als unschöne Zug wird allerdings dadurch gemildert, daß es diesen Festen gelingt, den *Montag*, also den Tag maximaler Frustration, zu befreien, wodurch deutlich ausgeprägte positive Gefühlsspitzen nicht nur am Samstagabend, sondern auch am Sonntagabend registriert werden.

Wird dagegen, insbesondere von antiklerikaler Seite, behauptet, daß auch moderne flottierende Feiertage, etwa der erste Mai, den Montag befreien und daher dieselbe Wirkung wie Ostern und Pfingsten erreichen können, so kann man dies, angesichts der relativen Seltenheit solcher Koinzidenzen, nicht energisch genug zurückweisen.

Im übrigen wird die höhere Effizienz unserer drei stärksten klerikalen Feste auch dadurch bewiesen, daß sie potent genug sind, den offiziellen Atheismus der Oststaaten matt zu setzen, was etlichen Eintagsfliegen unter den geistlichen Festen keineswegs gelungen ist.

Wir haben also eine goldene und zwei silberne Medaillen an unsere zweitägigen Feste verliehen, und nun mag sich ein Diktator melden, der noch den Mut fände, sie abzuschaffen!

Über den Stellenwert der ersten drei Vokale im österreichischen Dialekt

Professor Anton Fuchs gewidmet

Was sogenannte Monovokale betrifft, behauptet der österreichische Dialekt eine einzigartige, viel zu wenig bekannte Überlegenheit über andere Sprachen. Insbesondere das monovokalische Wort „i", mit dem in Österreich das Ego bezeichnet wird, stellt sozusagen eine Weltbestleistung dar, insofern nämlich hier das Wichtigste, also die eigene Persönlichkeit, in der absolut kürzesten und penetrantesten Form zur sprachlichen Abbildung gelangt.

Die Bemühungen der Engländer, die sonst Meister der Kürze sind, an die österreichische Marke heranzukommen, müssen als gescheitert angesehen werden, da sie nur in der Schrift zum Ziel geführt haben; im übrigen ist ihr „I" – selbst wenn man von der unanständigen Großschreibung und von der gebrochenen, gleichsam schizophrenen Natur des Diphtongs „ai" absieht – mit merkwürdigen Komplikationen verbunden. Klopft zum Beispiel in England jemand an die Tür, muß man rufen „who is it?"; bei uns heißt das einfach „wer iss?", und die österreichische Antwort „i!" ist, verglichen mit „it's me" (mir? mich?), geradezu genial zu nennen. In dieses „i!" wird nämlich die ganze Persönlichkeit hineingezwängt, und es ist klar, daß jeder Österreicher alle seine Freundinnen und Freunde allein an der Art, wie sie an der Türe dieses „i!" artikulieren, ohneweiters erkennen kann.

Um die Bivokale vollständig zu erfassen, müssen wir die Mathematik, und zwar die sogenannte Kombinationslehre, zu Hilfe nehmen. Wollen wir etwa alle zweigliedrigen Ausdrücke erhalten, die sich aus den drei Elementen a,e,i bilden lassen, so beweist uns die Kombinationslehre, daß es $3^2 = 9$ Variationen gibt. Wenn wir auf Verdoppelun-

gen, also auf (a,a); (e,e); (i,i) verzichten, so verbleiben 3!/(3 - 2)! = 6 derartige Ausdrücke. Verdoppelungen treten ja im allgemeinen nur bei Exklamationen auf (wenn wir von dem Ausdruck „a a" absehen, der auch eine beschönigende, nur wenig volkstümliche Bezeichnung für Exkremente darstellen kann).

Beschränken wir uns also auf die oben errechneten 6 Ausdrücke (a,e); (a,i); (e,a); (e,i); (i,a); (i,e), für die wir praktische Beispiele anführen wollen:

1) (a,e) Die Bemerkung „a e!", bei der die Betonung auf dem gedehnten e liegt, ließe sich etwa mit „ach, ohnedies!" ins Hochdeutsche übersetzen und käme etwa als Replik auf die Versicherung „er kommt e a" (er kommt ohnedies auch) in Frage.

2) (a,i) „a i?" bezeichnet eine ungläubige Frage (achso, ich?), wenn jemandem der Verdacht kommt, er könnte gemeint sein.

3) (e,a) Siehe Beispiel 1

4) (e,i) „e i" (ohnedies ich) ist z.B. eine differenzierte Antwort auf die Frage „wer hat denn dann zahlt?"

5) (i,a) Mit „i a" wird in Österreich nicht ein Eselsruf bezeichnet (niemand der je den Schrei eines Esels gehört hat, wird den Ruf mit „i a!" wiedergeben), sondern „i a" heißt einfach „ich auch". Die sozusagen keuchende Umständlichkeit des Hochdeutschen wird hier auf die kürzeste und leichteste Weise beseitigt. „Des kann i a!": ein Ausruf, wie er etwa einem österreichischen Schriftsteller unwillkürlich entschlüpfen mag, wenn er das Werk eines Konkurrenten durchblättert.

6) (i,e) Dieser Ausdruck erscheint z.B. in der Replik „Waß i e" (das weiß ich ohnedies), die in wegwerfendem Tonfall verwendet wird, wenn ein anderer sich anschickt, sein Wissen auszubreiten. In der Melodie

dieser Replik liegt die Abgebrühtheit dessen, der ein Kaiserreich verspielt hat.

Von den sechs Permutationen der Folge (a e i) wollen wir hier, der Kürze halber, nur eine, nämlich „i e a" betrachtet, die zum Beispiel in dem Satz „des hab i e a scho probiert" (das habe ich ohnedies auch schon versucht) erscheint, wobei in die Betonung die tiefste Verachtung für irgendein Objekt oder einen Vorgang gelegt werden kann.

Abschließend sei bemerkt, daß die Definition des eingangs behandelten „i" in Österreich in der einfachsten logischen Form, nämlich in der Tautologie, erfolgt: „i bin i!"

Der angelus novus sive scientificus

1) Historische Voraussetzungen

die Angelologie im Abendland litt jahrhundertelang unter der christlichen Vorherrschaft, welche die Engel gleichsam für ihre Zwecke einspannte, insbesondere jenen berühmten Verkündigungsengel, über den wir uns hier ausschweigen.

Obgleich die Spezies der Engel für jede Art von Religion brauchbar ist, hat sie selbst, wie wir zeigen werden, mit unseren mythologischen Fabeln nichts zu tun. Die Christen strapazierten die Engel so sehr, daß sie dann von der europäischen Aufklärung ins Reich der Phantasie verbannt wurden. Die arrogante Weigerung der Materialisten, Engelgestalten wahrzunehmen, wurde noch bestärkt durch die kindliche Art, in der christliche Künstler die Engel darzustellen beliebten. Wer nach asexuellen Hominiden Ausschau hält, die im Nachthemd daherfliegen, kann freilich, auch mit bestem Willen, nichts Entsprechendes entdecken.

Wie Gustav Theodor Fechner, der bedeutendste Angelologe der Neuzeit, bewiesen hat, sind die Engel *kugelförmig*. In seiner Abhandlung „Vergleichende Anatomie der Engel" (1825), dem ersten *wissenschaftlichen* Werk der Angelologie, hat Fechner mit Recht betont, daß menschliche Schönheit im Vergleich zur angelischen bestenfalls als kurioser und leicht abwegiger Reiz einer „bleichen balgartigen Gliederpuppe" erscheint. Es ist klar, daß auch der beste Maler durch „einfachen Ansatz von Flügeln" an der Schulterpartie eines solchen Balgs eine wirkliche Angelophanie, also die Erscheinung eines Engels, nicht einmal andeuten kann.

Der Autoritätsverlust der Kirche führte zur Emanzipation

der Engel – oder vielmehr zum endgültigen Ausbleichen des anämischen Engelbildes, das nicht auf direkter Wahrnehmung, sondern auf vagen Vorstellungen beruht. Die Dichter, die auch sonst von der Konkursmasse der Religionen profitierten, nahmen auch vom emanzipierten Engel Besitz, vom L'ange pour l'ange sozusagen, und verwandelten ihn in einen L'ange pour l'art, der ihre Werke auf aparte Weise zierte.

Rainer Maria Rilke stellte bekanntlich die Frage: „Wer, wenn ich schriee, hörte mich denn aus der Engel / Ordnungen?" Die lapidare Antwort lautet: „Niemand." Schallwellen werden von Engeln nicht wahrgenommen; und wie man vom Wind sagt, er könne nicht lesen (obgleich der Wind schon in zahlreichen Romanen auf eine dem Inhalt durchaus angemessene Weise geblättert hat), könnte man auch sagen: „Engel können nicht lesen", oder vielmehr „Engel wollen nicht lesen", weil ihnen nämlich das Geschriebene nichts zu sagen hätte. Wenn also Rilke, wie er sich ausdrückt, diese „tödlichen Vögel der Seele ansingt", so bemerken sie das gar nicht; da aber der Dichter alles als tödlich empfindet, was sein Ansingen nicht bemerkt, hält er sie für tödlich, obgleich sie an und für sich nichts gegen ihn haben.

2) Der angelus scientificus

Es war höchste Zeit, diesen „Vögeln der Seele" den Garaus zu machen und zu den leibhaftigen Engeln zurückzukehren. Die Grundlage dazu lieferte, wie schon erwähnt, der erste wissenschaftliche Angelologe Gustav Theodor Fechner. Er zeigte, daß es sich bei den Engeln um kugelförmige Lebewesen handelt, die im wesentlichen auf elektromagnetische Reize reagieren.

Hierbei erwies sich ein Vergleich Fechners als besonders fruchtbar: Der Mensch hat nur *ein* Organ, das auf Elektromagnetismus anspricht, nämlich das Auge; und *das Auge ist eine Kugel.* Fechner betrachtete es als die beste Annäherung an die Engelsgestalt, die im Verlauf der Evolution der Tiere mit irdischen Mitteln erreichbar war. Tastsinn kann man schon Steinen zusprechen, die aufeinander lasten, Geschmackssinn der chemischen Wechselwirkung beim Kreislauf der Flüssigkeiten, Geruchssinn den Pflanzen, Gehörsinn den Tieren, und Gesichtssinn schließlich, in zunehmend feinerer Ausbildung, den höheren Tieren und den Menschen. Die Sinne steigen also gleichsam auf der Stufenleiter der Aggregatzustände vom Festen über das Flüssige und Gasförmige zum Elektromagnetischen empor, das über die Erde, ihre Schwerkraft, ihren Chemismus und ihre Atmosphäre hinausreicht in den Weltraum. Der elektromagnetische Sinn ist, wegen der Schwerelosigkeit der Photonen, der einzige, der die Erde verläßt, den leeren Raum durchdringt, die Sonne, die Planeten und Sterne erreicht: sozusagen der erste Astronaut.

So wie wir die Atmosphäre bewohnen – freilich nur ihren Grund, ohne den Status der freien Luftbewohner, der Vögel und Insekten, erreicht zu haben –, und wie die Fische Wasserbewohner sind, so bewohnen die Engel den Weltraum, den nur wir als Vakuum empfinden.

Den Lebewesen des jeweils feiner gesponnenen Elements fällt es leichter, zu den Wesen eines dichteren Elements hinabzusteigen als umgekehrt. Oft ist der Fall zu beobachten, daß Bewohner verschiedener Elemente einander überhaupt nicht bemerken, oder daß die gröberen die feineren nicht bemerken. Im Weltraum, den wir nur in beengenden Vermummungen durchqueren können, atmen die Engel gewissermaßen auf, aber nicht mit Lungen, sondern mit elektromagnetischen und vermutlich auch mit radioaktiven Organen, welche Partikel und Wellen verarbeiten, die für uns tödlich wären. Die irdische Atmosphäre stellt für sie gewissermaßen *dicke Luft* dar, die sie nicht ohne Beschwerden betreten.

Nach Fechner erscheinen die Engel, auf einer Stufenleiter der Lebewesen, als die nächst höhere Spezies nach den Menschen. Sie sind uns so fremd, wie wir selbst etwa einer Libelle fremd sein mögen, die sich flüchtig auf unserem Körper niederläßt, ohne die Bedeutung des Landeplatzes genauer zu erfassen. Divergierende Baupläne können, wie dieses Beispiel zeigt, bewirken, daß zwei Gattungen in der Welt nebeneinander existieren, einander sogar mehr oder weniger sehen oder fühlen, ohne sich wirklich wahrzunehmen oder wahrzuhaben.

Die Augen sind also das einzige Kommunikationsorgan zwischen Menschen und Engeln. Seit der Zeit Fechners sind wir uns allerdings darüber klar geworden, daß die Engel das gesamte Spektrum elektomagnetischer Schwingungen bis zu den Gammastrahlen, also nicht nur das schmale Band des uns sichtbaren Lichts, empfangen und aussenden können, so daß sie unsere Radio- und Fernsehprogramme direkt mit ihren Körpersinnen wahrnehmen könnten. Ich sage *könnten*, denn wir haben guten Grund anzunehmen, daß sie sich gegen unsere Programme, wie wir gegen Giftstoffe, sorgfältig abschirmen.

Die Materie, aus der die Engel sich zusammensetzen (auch das konnte Fechner noch nicht wissen), befindet sich im vierten, dem sogenannten plasmatischen Aggregatzustand. Grob vereinfachend können wir heute sagen: Engel sind hochorganisierte Plasmakugeln mit elektromagnetischen Kommunikationssystemen.

3) Die angelische Erotik

Zunächst müssen wir offen zugeben, daß wir über die angelische Erotik, falls eine solche überhaupt existiert, nichts wissen. Wir können aber angeben, was diese Erotik, wenn sie existiert, mit Sicherheit *nicht ist*.

Im Alten Testament wird behauptet, Engel seien niedergestiegen und hätten sich mit Menschenfrauen vergnügt, also eine Art angelische Sodomie betrieben. Diese Vorstellung entspringt natürlich dem erotischen Größenwahn der Menschen, die sich von alters her für so attraktiv und unwiderstehlich hielten, daß nichts in der Schöpfung, nicht einmal Götter und Göttinnen, ihrem Reiz widerstehen konnte. Umgekehrt wäre dagegen kein Mensch bereit, sich in ein Wesen zu verlieben, das zum Beispiel keine Gliedmaßen hätte, auch wenn es sonst die wundervollste ornamentale Form entfaltete. Man verliebt sich nur in Formvarianten der eigenen Spezies; diese erscheinen aber entfernteren Arten bestenfalls als Kuriositäten

Davon abgesehen hat ein Engel, als plasmatische Kugel, weder ein Organ zur Ausübung menschlicher oder tierischer Sexualität, noch befindet er sich in einem geeigneten Aggregatzustand, da er ja Menschenfrauen, die im ersten Aggregatzustand verharren, zum Verdampfen brächte.

Der einzige denkbare erotische Kontakt zwischen Mensch und Engel wäre der Augenkontakt, also das Kokettieren. „Die Augensprache der Liebe" schreibt Fechner, „ist eine Vorbedeutung der Sprache der Engel, die ja selbst nur vollkommenere Augen sind." Ein erotischer Augenkontakt zwischen Mensch und Engel wäre jedoch, gelinde gesagt, grotesk, da hier ein vergleichsweise winziges menschliches Sinnesorgan mit riesenhaften freischwebenden Augenbällen konfrontiert wäre. Wenn uns schon ein ausgelöstes Rinderauge mit Unbehagen erfüllt, um wieviel mehr eine schwebende Plasmakugel, die uns mit Blicken fixierte! Im übrigen kann bei den Engeln von *Blicken* im menschlichen Sinn keine Rede sein. Über die Oberfläche des leuchtenden Plasmaballes mögen faszinierende Farbmuster dahingeistern – uns wären sie völlig unverständlich, ganz abgesehen davon, daß wir nur einen winzigen Ausschnitt des Spektrums erfaßten.

Vom Kokettieren zwischen Mensch und Engel kann also wohl keine Rede sein.

Was Fechner meint, ist allerdings etwas anderes: Wir bekämen, seiner Ansicht nach, bei der „Augensprache der Liebe" eine Art Vorgeschmack der angelischen Kommunikation. Es fragt sich aber, ob sich in unserer Augensprache, nur weil sie auf Elektromagnetismus beruht, wirklich etwas Engelhaftes ankündigt. Seit Fechners Lebzeiten sind wir in dieser Hinsicht wesentlich skeptischer geworden. „Die Liebe also," schreibt Fechner, „wenn sie vom Himmel herabkommt, bringt noch die Sprache, die dort gesprochen wird, mit, die Sprache der Augen. Daher *Blicke* überall das erste sind, wodurch sich Liebende besprechen." Fechner führt im folgenden aus, wie die Liebe von diesem, angeblich höheren elektromagnetischen Effekt alsbald über die Stufenleiter der Sinne hinabsteigt, vom Gehörsinn über Geruchs- und Geschmacksempfindungen zum Tastsinn, bis schließlich die Liebenden wie zwei Steine übereinandergeschichtet sind, nur mehr der Gravitation unterworfen.

Soziologisch gesehen verbirgt sich hinter dieser Abstiegstheorie eine Diffamierung der körperlichen Liebe, wie sie für den Puritanismus des 19. Jahrhunderts typisch ist; aus psychologischer Sicht liegt dagegen die Folgerung nahe, daß, was die Liebe betrifft, Fechners stärkste Seite in der Augensprache zu suchen war.

Die Frage, ob Engel kokettieren und ob die menschliche Augensprache dazu eine Vorstufe ist, lassen wir also dahingestellt. Als Kuriosität wollen wir aber noch hinzufügen, daß sich, nach einer Hypothese Fechners, auch die angelische Erotik mit der Augensprache nicht zufrieden gibt. Um sich zu vermehren, steigen die Engel, wie Fechner vermutet, „beständig aus dem Sonnenkörper auf, gatten sich und bringen in dem Verbrennungsprozeß des Wasserstoffs durch den Sauerstoff, womit sich ihre Hochzeit vollzieht, das Licht hervor, das uns von der Sonne leuchtet. Das Sonnenlicht ist daher nur die Hochzeitsfackel der Engel."

4) Die experimentelle Angelologie

Die moderne Angelologie kann nur dort ernst genommen werden, wo sie darauf ausgeht, die Existenz der Engel experimentell zu beweisen. Der angelus novus sive scientificus kann nicht als Phantasieprodukt sondern nur als physikalische Realität erscheinen. Unsere Hypothese, so überraschend sie im ersten Moment erscheinen mag, muß daher lauten: Die Engel des 20. Jahrhunderts sind die sogenannten Fliegenden Untertassen bzw. die dischi volanti. Die Abweichung von der Kugelform, die mehrfach bezeugt ist, ergibt sich durch den Bewegungs- resp. den Rotationszustand eines Engels, der in einem ihm ungewohnten Element, nämlich in der Erdatmosphäre, manövriert. In seiner natürlichen Umgebung, dem Weltraum, erscheint der Engel stets kugelförmig, sofern seine Fluggeschwindigkeit 90% der Lichtgeschwindigkeit nicht überschreitet.

Die Vorstellung, diese Flugobjekte seien bemannt oder gar beweibt, ist nichts als ein anthropomorpher Aberglaube. Der vermeintliche Diskus ist kein Kunstprodukt, sondern ein Lebewesen; oder, um es paradox zu formulieren: Die Untertasse selbst ist der Engel.

Wir erhoffen für die junge Wissenschaft der Angelologie möglichst zahlreiche Begegnungen der ersten, der zweiten und der dritten Art und schließen mit dem Chorus mysticus:

> Das Astro=Häretische
> Hier ist es getan;
> Das Elektro=Magnetische
> Zieht uns hinan!

Ratgeber für Verrückte

1) Der private Wahn

Unser Alltagsleben hat sich so weit mechanisiert, daß es sich durchaus lohnt, zur Anregung Ihrer Phantasie eine aparte Verrücktheit zu erwerben. Es besteht sonst die Gefahr, daß Sie als Erwachsener, wenn die natürlichen Verrücktheiten der Jugend verdampft sind, bei lebendigem Leibe psychisch absterben.

Wenn Sie sich für einen rein privaten Wahn interessieren, müssen Sie bedenken, daß es Ihnen dann an Gelegenheit mangelt, den anderen, den Angepaßten, Ihre Verrücktheit zu fühlen zu geben. Ein Triumph, den Sie sich nur im Separee ihres Kopfes leisten können, bleibt eine halbe Sache.

Allerdings ist der rein private, nicht mitgeteilte Wahn der heißeste, den es gibt. Der eigene Kopf verwandelt sich dabei in einen Druckkessel ohne Sicherheitsventil.

Finden Sie jedoch einen oder zwei Menschen, denen Sie sich anvertrauen, so kommen Sie zwar im kleinsten Kreis zum Zug, doch es heißt: was drei wissen, weiß bald die Welt, und dann laufen Sie Gefahr, daß man Sie interniert; denn frei herumlaufen läßt man nur jene, die im tödlichsten Wahn befangen sind: im kollektiven.

2) Die kleine Sekte

Wenn irgendeine vorfabrizierte Verrücktheit sie besonders anspricht, können Sie einer Sekte beitreten. Bestehen Sie jedoch auf Originalität, dann empfiehlt es sich, falls Sie das Temperament dazu haben, eine solche zu gründen. Sobald die Sache offiziell ist, lassen die Verfolgungen nach. Eine kleine Sekte ist zwar weniger exklusiv als eine rein private Verrücktheit, doch erregt sie entsprechendes

94

Aufsehen; denn es zeugt von beträchtlicher Aufsässigkeit, wenn eine ganze Gruppe sich dazu entschließt, die allgemein grassierenden Gewohnheiten nicht mehr zu teilen. Tut das ein einzelner, so wird man ihn bestenfalls bemitleiden; weichen aber mehrere gemeinsam ab, so mischt sich in den Hohn, mit dem die etablierte Mehrheit reagiert, ein gewisses Schielen: einerseits Funken von Bewunderung für jene, die den Meinungsmachern widersprechen, andererseits Abscheu vor dunklen Elementen, denen man subversive Machinationen zutraut. Beides gereicht Ihnen zur Ehre. Denn Sie waren doch ein Nichts, und nun werden Sie, obwohl Sie kein Geld verdient haben, auf einmal bemerkt.

Wenn die Sekten in den liberaleren Ländern ungeschoren bleiben, so ist das ein Hinweis auf die Schwäche der offiziellen Glaubensbekenntnisse, denen die Scheiterhaufen ausgegangen sind.

Die Sekte hat etwas, das alle dringend benötigten: sie hat ein Heilsprogramm. Deshalb schielt man zu ihr hinüber. Sie löst die unlösbaren Fragen. Bei diesen kommt es nicht so sehr darauf an, *wie* sie beantwortet werden, sondern vielmehr darauf, *daß* sie beantwortet werden. Dabei ist die verrückte Antwort, die Sie allein sich ausdenken könnten, nicht so wirksam, wie die verrückte Antwort, die mehrere teilen. Diese ist gleichsam *gesünder*, weil sie beweglich und verschiebbar ist. Im Kreis wirft man sich die Narrenkappe zu und ist dabei zeitweise von ihr befreit.

Der Vogel im Käfig eines Einzelgehirns wird trübsinnig oder beginnt zu toben. Er will ausfliegen, um sich in vertrauter Umgebung umzutun. Diese wird von der Sekte bereitgestellt. Ihre Kleinheit ist nicht unbedingt ein Nachteil. Eine kleine Sekte ist gleichsam verrückter als eine große. Sie hebt sich schroff von ihrer Umgebung ab und innerhalb der Schutzmauern ihres warmen Nestes gedeiht ein aparter Größenwahn.

Ein Sektenmitglied stützt sich auf das andere, und so bestätigt man sich gegenseitig ununterbrochen, daß man im Recht ist: im Recht gegen einen riesigen Moloch. Hat man nicht historische Beispiele dafür, daß ein kleiner Narrenzirkel schließlich gegen ein monströses Machtgebilde Recht behalten hat?

Der Moloch ist nämlich anfällig, hat keine Heilslehre, oder nur eine ganz verbrauchte und verwaschene. Er steht auf tönernen Füßen, und vielleicht werden Sie seinen Sturz noch erleben. Dann kommt die Zeit der kleinen Sekte.

3) Die große Sekte

Vielleicht ziehen Sie eine größere Sekte vor? Die kleineren erscheinen Ihnen allzu isoliert oder verrückt (diese beiden Wörter bedeuten fast dasselbe), allzu geringgeschätzt und erfolglos.

Die Temperatur der Großsekte ist niedriger als die der Kleinsekte, der Wahn gemildert, die Grenzen durchlässiger. Hat sie sich vielleicht schon so weit ausgedehnt und abgekühlt, daß es ihr nicht mehr gelingen kann, einen Funken, der heiß genug ist, ins zerebrale Stroh zu werfen? Aber ihre Zündschnüre haben schon den Erdball umfaßt, überall schlängeln sich ihre Agenten durch die Massen der Schlafwandler, halten etwa eine Zeitung hoch und rufen mit dünner Stimme: „Erwachet!"

Würden Sie sich in der Rolle eines solchen Ausrufers gefallen? Sie stünden im sinnlosen Getriebe des Straßenverkehrs, im Inneren der „sich selbst mahlenden Mühle": der einzige Sehende unter Blinden, und manchmal, wenn das monströse Verkehrsgerumpel, der Teufelskult gewissermaßen, ein wenig abflaut, riefen Sie mit schwacher Stimme: „Erwachet!"

Die Leute erwachen natürlich nicht, niemand erwacht, alles trampelt und rollt mit seinen Scheuklappen blindlings der Apokalypse entgegen, nur Sie stehen da, der geheimnisvolle Bote, der Eingeweihte, der Auserwählte, aufrecht inmitten des Teufelskreises, unbeirrbar im Zentrum des Malstroms: ein Geretteter unter Verdammten.

4) Die fremde Religion

Eine Religion, insbesondere eine Weltreligion, ist eigentlich eine ausgebrannte Großsekte. Die glühende Absurdität ihres Ursprungs hat sich, in der Erfolgsphase, so weit ausgedehnt, daß die Temperatur auf ein Minimum gesunken ist. Dabei ist ihr Prestige ständig gewachsen, und was einmal Prestige erlangt hat, das wird von den Leuten, die allesamt prädestinierte Machtanbeter sind, akzeptiert, auch wenn sie im Grunde damit gar nichts anfangen können.

Je weiter eine Verrücktheit sich ausbreitet, desto normaler muß sie werden. Das Normale ist eigentlich nur ein äußerst verdünnter und entschärfter Wahn. Oder sagen wir besser: Wird der Wahn salonfähig, ja sogar Voraussetzung sozialen Erfolgs, so wird er derartig umfassend und damit tolerant, daß sich innerhalb seiner Grenzen kalte Vernunftbezirke herausbilden, Blasen der Ratio gleichsam, in denen Mathematik, Wissenschaft, Juristerei, Handel etc. betrieben werden können, als sei die heiße Verrücktheit niemals gewesen. Das bürgerliche Leben bewegt sich schließlich mit berechnender Nonchalance dahin, als seien die Leute niemals gezeugt worden und als würden sie niemals verröcheln.

Wenn Sie aber für Ihre Verrücktheit die breiteste Stütze suchen, dann wählen Sie am besten nicht die eingesessene, sondern eine *fremde* Religion. Als Verrückter müssen Sie ja *wegrücken*, und Sie werden es gewiß genießen, wenn Sie damit die sogenannten Rechtgläubigen Ihrer Umgebung verärgern. Die Rechtgläubigkeit ist eine Anpassung an das Profitable. Sie können diese Leute, um sie noch mehr zu verstimmen, darauf hinweisen, daß ihr Glaube nur ein Zufall des Ortes sei, da sie ja, an anderen Orten geboren, das dort Übliche und Opportune angenommen hätten. Die Leute ärgern sich immer, wenn man ihnen zeigt, daß sie Nachahmer und Plagiatoren sind, dabei müßten sie dankbar dafür sein, denn eben daraus resultiert, zumindest vorübergehend, das Solide ihrer Unternehmungen und Überzeugungen.

Abgesehen davon, daß die fremde Religion rings um Sie einen Kreis des Abscheus und der Abwehr erzeugt, innerhalb dessen Sie Kontur gewinnen und sich profilieren können, ist sie auch an und für sich verlockender als die eingesessene. Hier tritt der wohlbekannte Faktor der Exotik auf, der alles Ungewohnte mit Reizen ausstattet. An und für sich ist auch die eingesessene Religion mysteriös, aber dieses Mysterium hat sich so weit mechanisiert, daß es keine Geheimnisse mehr hergibt. Es verhält sich hier wie in der Erotik: Indem Sie sich einen *Seitensprung* erlauben, springen Sie aus der Gewohnheit ins Geheimnisvolle. Dies drückt sich auch sprachlich aus, da sich die fremden Religionsbegriffe in Ihre Sprache nicht übertragen lassen; Sie werden sie also als Fremdwörter gebrauchen, als exotische Talismane, die Sie im Mund führen, um damit Staunen und Verwirrung zu erregen.

Kurz und gut: Es kann Ihnen gelingen, eine fremde Religion, die sich in der Heimat schon abgekühlt hat, durch Transplantion in Ihr eigenes Gehirn wieder aufzuwärmen. Man wird Ihnen Ihre Verrücktheit nicht übel nehmen, da es nur die wenigsten wagen, eine Sache, die im Ausland Millionen von Anhängern hat, als gänzlich absurd abzutun. Und so können Sie aus einem leichten exotischen Wahn ein Gewürz gewinnen, das durch geschickte Dosierung Ihren sonst kaum erträglichen Alltag halbwegs genießbar macht.

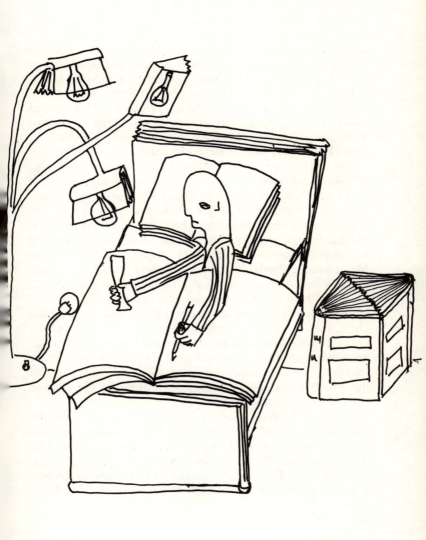

Die Produktion von Gedenktagen

Rotationsapparate, Bänder und Programmaschinen haben den Vorteil, unermüdlich zu sein und ununterbrochen weiterzulaufen. Ihr Stillstand riefe einen Schock hervor. Wer kann sich vorstellen, daß ein Radio- oder Fernsehsprecher sagen würde: „Meine Damen und Herren, auf Wiedersehen! Heute haben wir nichts mehr zu sagen, wenn uns etwas Neues einfällt, melden wir uns wieder."

Wie Fließbänder haben diese Maschinen die Fähigkeit, in einem fort zu produzieren: Nachrichten, Unterhaltung, Kunst – diese Konsumartikel gehen uns niemals aus. Auch an Feiertagen, wenn andere Fließbänder zur Ruhe kommen, laufen die Walzen der Medien weiter. Schließlich müssen auch Feste und Andachten vervielfältigt werden, Staatsfeiern, Paraden und Messen. Fußballvereine und Kirchen protestieren mit Recht, wenn ihre Spiele oder Messen nicht übertragen werden, denn es handelt sich hier um Höchstleistungen der Ballartistik oder der Andacht, die wir alle vom Lehnsessel aus verfolgen wollen.

Nun ist auch der Kalender eine Art Band, das ununterbrochen, parallel zu den Fließbändern der Medien, abläuft. Da er genaue Perioden hat, lassen sich vergangene Ereignisse bequem auf gegenwärtige Augenblicke projizieren und vom Pult aus in die Gegenwart mischen. So ergibt sich die Möglichkeit, die Vergangenheit und die Geschichte maschinell zu bewältigen.

Berühmte Männer haben charakteristische Lebenspunkte, auf alle Fälle einen, nämlich den Geburtstag, und wenn sie schon tot sind, sogar zwei, den Geburtstag und den Todestag. Wenn es hochberühmte Männer sind, strahlen diese Tage auf ein ganzes Jahr aus, und in solchen fruchtbaren Jahren können alle Programme mit den Werken dieser Spitzenreiter angereichert werden. Man kann sich vorstellen, wie im Paradies oder in der Hölle solche Berühmtheiten, die schon über die zwei charakteristischen Lebenspunkte verfügen, einander zufällig treffen, und der eine zum anderen sagt: „Beneidenswerter, du hast schon ein Jahr!"

Wir ziehen das Fazit, daß heute jeder Prominente mit dem tröstlichen Gedanken sterben kann, daß sein Nachruhm exakt nach dem laufenden Kalender von den laufenden Bändern produziert wird, wobei der Datenspeicher dafür sorgt, daß ein Vergessen infolge menschlicher Unzulänglichkeit von vornherein ausgeschlossen ist.

Chinesische Capriccios

Ärgernisse eines Kulturträgers in Peking

Ein westlicher Kulturträger hatte so wenig Kultur nach Peking getragen, daß die Volksmassen überhaupt nichts davon bemerkten. Der österreichische Botschafter war jedoch davon informiert worden, daß so etwas wie ein vaterländischer Kulturträger in der Riesenstadt zirkuliere. Er faßte daher den diplomatischen Entschluß, den Kulturträger im sogenannten Löffelgarten, wo er ein kleines Studentenzimmer bewohnte, anzurufen und zum Mittagessen in die österreichische Botschaft einzuladen.

Ein lauter Pfeif- oder Heulton ertönte im Zimmer, worauf der Kulturträger unter dem Moskitonetz hervorkroch und zum Portier hinüberging, der mit bedeutungs- und respektvoller Miene erklärte, der *Audilide Dashi*, der österreichische Botschafter, sei am Telefon.

Knapp vor dem Termin, der für das Mittagessen festgesetzt war, hielt sich der Kulturträger im Parterre des Peking-Hotels auf, um sich abzukühlen und von der feuchten Schwüle des Julitags zu erholen. Dort findet man nämlich, von einem bewachten Tor geschützt, eine klimatisierte Kleinstadt, wo der mehr oder weniger prominente Ausländer inmitten der glühenden Stadtwüste seine Privilegien ungestört genießen kann.

Der Kulturträger, bekleidet mit einem indischen Hemd aus feinster Seide, wollte schließlich möglichst frisch in der österreichischen Botschaft erscheinen. Nachdem er sich abgekühlt hatte, ging er zum Schalter des Taxistandplatzes, wo ein Formular mit dem Bestimmungsort ausgefüllt werden muß, weil in Peking einer Taxifahrt ungleich größere Bedeutung zukommt als in einem westlichen Land; schließlich wird dabei ein Chinese durch die Umstände dazu gezwungen, mit einem Ausländer unbekannter Gefährlichkeit für einige Zeit lang einen geschlossenen Raum zu teilen.

Mit einem Anflug von Nationalstolz gab der Kulturträger in chinesischer Sprache das Fahrtziel bekannt: *Audilide Dashiguan*, Österreichische Botschaft, eine durchaus anständige Adresse, die man allen Anschein nach wohlwollend zur Kenntnis nahm. Das Taxi war klimatisiert, und die Fahrt ging über eine relativ kurze Distanz, so daß einem pünktlichen Eintreffen in adrettem Zustand offenbar nichts mehr im Wege stand.

Als aber dann der Kulturträger, während das Taxi wendete und davonfuhr, das Gebäude betrachtete, vor dem es ihn abgesetzt hatte, schien es ihm eher ein Hotel zu sein als eine Botschaft. Nachdem er eingetreten war, stand er vor einem Schalter, der einer Hotelrezeption zu gleichen schien.

„Shi Aodilide Dashiguan ma? Sein Österreichische Botschaft, ja?" *„Bu shi!* Nicht sein!" antwortete der Chinese. Der Kulturträger verstand ihn ausgezeichnet, denn „nicht sein" und „nicht haben" gehören zu den gebräuchlichsten Redewendungen.

„Wo befindet sich die Österreichische Botschaft?"

„Bu zhi dao. Nicht wissen Weg." Der Concierge antwortete mit exquisiter Höflichkeit, die aus einer tiefen Resignation aufzusteigen schien.

„Kann man nicht nachsehen?"

„Wo soll man nachsehen?"

„Kann man ein Taxi rufen?"

„Nicht möglich."

„Gibt es hier ein Telefon?"

„Nicht haben."

Auf der Stirn des Kulturträgers bildeten sich die ersten Schweißtropfen. Als er ins Freie hinaustrat, schlug ihm die Luft als feuchtwarmer Lappen entgegen. Vor ihm erstreckten sich in flimmernder Atmosphäre schnurgerade

Straßen, deren Ende nicht abzusehen war. Ein erstes Gefühl der Verzweiflung überwindend, begann er damit, Passanten zu befragen.

„*Aodili?*" Österreich, was war das?

Es wurde ihm klar, daß nicht nur die Kultur, die er bei sich trug, hier nicht sichtbar war – sein ganzes Land, ganz Österreich, war unsichtbar.

Die Passanten staunten ihn an: Was wollte dieser *Dabizi*, dieses Lang-Nasen-Kind? Was suchte er in diesem Viertel? War es ein Versprengter, der seinen Autobus verloren hatte?

Zehn, zwanzig Personen wurden befragt. Das Wort *Dashiguan*, Botschaft, half schließlich weiter. Offenbar gab es irgendwo ein Botschaftsviertel; die Hände wiesen mit auffallender Konstanz immer in dieselbe Richtung.

Nun aber geriet der Kulturträger in eine Zone intensiven Aufbaus. Wie eine Furie hatte sich der Fortschritt dieses Viertels bemächtigt: Die breiten Straßen waren von Gräben zerfurcht, von Schotterhügeln umsäumt, und große Baukräne drehten sich über seinem Kopf. Alle Schattenzonen waren von Plankenwerk und Bauhütten verstellt. In praller Sonne taumelte er über das Geröll der Straßenmitte. Das indische Hemd und die Leinenhose klebten an seinem Körper. Seine Socken nahmen die Feuchtigkeit auf, die an den Schienbeinen hinunterrann. Staub, den die Windstöße über die endlose Stadtwüste trieben, blieb ihm an der Stirne kleben, und seine Hände, die den Schweiß abwischten, verfärbten sich gelblich.

Er blickte auf die Uhr: vor einer halben Stunde hätte das Mittagessen beginnen sollen. Er stellte sich den Botschafter vor, der in offizieller Erwartung seines Kulturträgers erstarrt war.

Zwischen Rohrstücken, Betonmischmaschinen und Generatoren packte ihn die Lust, laut herauszulachen. Einem Irren vergleichbar, der sich nie wieder zurechtfinden würde, oder einem Kaspar Hauser, der nur immer das Wort *Dashiguan* hervorstoßen konnte – so musterte er die desolate Szenerie, um das nächste Opfer, das befragt werden könnte, ausfindig zu machen.

Nachdem er diese Zone durchquert hatte, kam er jedoch in ein vornehmeres Viertel: elegante Alleen, Gärten und reich ausgestattete Villen. Aber der ganze Bezirk war wie ausgestorben. Keine Passanten, keine Fahrzeuge, als sei das Gebiet verseucht. Ein Schachbrettmuster von leeren Straßen, über deren Asphalt die heiße Luft zitterte.

Schließlich bemerkte er, daß jedes Gartentor von Soldaten bewacht war. Da erkannte er, daß er das Botschaftsviertel endlich erreicht hatte.

Nun begann er mit der Befragung der Soldaten.

„Aodili? Aodili?"

Jeder vierte Wachsoldat hatte das Wort schon einmal gehört. Wo aber befand sich unter hundert Botschaften die gesuchte? Der eine rief den anderen herbei, alle waren sehr jung und sehr eifrig, als stünde die Ehre der Armee auf dem Spiel.

Endlich war es so weit: Drei Viertelstunden verspätet stolperte Kaspar Hauser aus der blendenden Nachmittagshelle in die kühle Dämmerung eines Vestibüls, wo ihm österreichische Möbel und Bilder in vornehmer und diskreter Sterilität entgegenglänzten. Er wurde vorgeführt.

Da saßen sie, in gelinder Verzweiflung das Essen erwartend, bei gedämpftem Licht in einem klimatisierten Saal: der Botschafter, seine zwei Töchter und die erste Sekretärin; im Hintergrund, fatalistisch an einer Türe lehnend, der chinesische Koch. Und alle starrten auf die wüste Figur, die am Eingang erschienen war und damit begann, Entschuldigungen vorzubringen.

War das der gesuchte Kulturträger?

„Gehen Sie zuerst einmal ins Badezimmer", rief der Botschafter, „ich bringe Ihnen ein frisches Hemd!"

Fahrt zur Verbotenen Stadt

Für den Ausländer, der in Peking frei herumläuft, ist nichts leichter, als einen engen Kontakt zum chinesischen Volk zu finden. Es genügt, einen Bus zu besteigen.

Kaum ist er drinnen, kommt er mit Chinesen, ja sogar mit Chinesinnen, die sich sonst sorgsam von ihm fernhalten würden, in eine Berührung, die so eng ist, daß der Ausländer sich nicht mehr bewegen kann, vielmehr selbst, in einer Art Walkvorgang, hin- und herbewegt wird. Sein Kopf befindet sich knapp unter dem Dach des Busses. Da er sich nicht mehr bücken kann, versucht er, den Kopf in verschiedene schiefliegende Positionen zu bringen. Gelingt es ihm, einen Blick aus dem Busfenster zu werfen, so erkennt er die unteren Partien von Radfahrern. In einiger Entfernung sieht er manchmal, zwischen Köpfen hindurch, den unerreichbaren Kartenverkäufer in seinem Verschlag sitzen.

Der Ausländer will zur Verbotenen Stadt. Er hat ein paar chinesische Sätze gelernt und sucht nun die Wörter zusammen: „Entschuldigung. Ich wollen ankommen Alter Palast gehen. Erreichen Station, bitte sagen Bescheid!" Mit diesem Satz, den er in seinem Kopf ausgezeichnet formuliert hat, wendet er sich nun an das nächste Gesicht, das vielleicht zehn Zentimeter von seinem Mund entfernt ist. Beim Aussprechen verwandelt sich aber der perfekte Satz, infolge einer bösartigen Verzauberung, in ein blamables Stottern. Das nächste Gesicht – es ist ein männliches – zuckt zusammen. Was war das? Ein peinlicher Vorfall: Der Ausländer gibt unartikulierte Laute von sich. Aber eine Frau, gleich nebenan, hat mit ihrem schärferen praktischen Verstand die Bedeutung des Rätsels erfaßt: der Ausländer hat Chinesisch gesprochen! Ihre ganze Freundlichkeit wendet sich dem Ausländer zu, sie deutet und spricht und gibt ihm das Gefühl, eine Art Mutter gefunden zu haben, die hier in der Fremde dafür sorgen wird, daß er nicht verloren geht.

Indessen hat sich auch der Lautsprecher, der die Stationen ankündigt, mehrmals gemeldet. Aus dem Chinesischbuch weiß der Ausländer genau, was der Lautsprecher zu sagen hätte. Er müßte sagen: „Haben Menschen, erreichen alter Palast, bitte vorbereiten hinunter vom Wagen!" Freudig würde er diesen Satz begrüßen, würde gleichsam innerlich auf Chinesisch frohlocken: „Haben Mensch! Haben Mensch!"

Statt dessen kommt aber aus dem Lautsprecher ein heiseres Gurgeln, das keiner bekannten Sprache anzugehören scheint.

An seinen Beinen, die unerreichbar sind, spürt der Ausländer ein seltsames Krabbeln, als kröchen dort Insekten unter der Hose. Doch wie sich einmal, bei einer wichtigen Station, zwischen Aus- und Einsteigenden das Gedränge vorübergehend lüftet, und es ihm gelingt, einen Blick auf seine Knie zu werfen, sieht er, daß sich dort unten auf der Hose dunkle Flecke gebildet haben. Da wird es ihm klar, daß keine fremdartigen Insekten, sondern seine eigenen Schweißtropfen an den Beinen hinunterliefen. Er schämt sich, daß er den chinesischen Bus verdächtigt hat, Insekten zu beherbergen.

Weil er befürchtet, sich längst in einer entlegenen Vorstadt zu befinden, schaut er immer wieder hilfesuchend zu seiner chinesischen Mutter hinüber, die ihn mit Blicken und Gesten beruhigt. Sie zeigt ihm drei oder vier Finger, vermutlich um die Stationen zu markieren, die ihm noch bevorstehen.

Mit Hilfe dieser Mutter gelingt es ihm tatsächlich, den Bus an einer Stelle zu verlassen, wo sich vor ihm ein alter Torbogen als touristisches Wahrzeichen erhebt. Als er schon glaubt, erlöst zu sein, tritt ihm, knapp vor dem Bus, ein Mann mit einem Tablett entgegen, auf dem sich kleine Papierblöcke in verschiedenen Farben befinden. Offenbar will ihm dieser Mann in aufdringlicher Weise etwas verkaufen. Ein Losverkäufer?

In reinem Chinesisch sagt er zu diesem Mann „Bu yao!" (Nicht brauchen), wendet sich energisch um und geht davon. Als ihn aber dann der Bus überholt, zeigt sich derselbe Mann im Fenster und beschimpft ihn aus dem fahrenden Wagen. Da wird es ihm plötzlich klar, daß dieser Mann mit dem Fahrkartenverkäufer identisch ist, den er, von den Schwierigkeiten der Fahrt absorbiert, total vergessen hatte.

Es kommt ihm zum Bewußtsein, daß er zu einem Schaffner, der ihm vorschriftsmäßig eine Karte offeriert und sich zu diesem Zweck sogar aus dem Bus ins Freie begeben hat, um seine Pflicht sozusagen bis zum Äußersten zu erfüllen – daß er also zu diesem braven Mann gesagt hatte „Bu yao", eine Frechheit, die nicht nur ihn selbst als Ausländer, sondern das gesamte westliche Ausland in ein schlechtes Licht gerückt hat.

So steht er, mit dunklen Schweißflecken an Brust und Knien, als Schwarzfahrer vor dem Nordtor des Alten Palastes und übt Selbstkritik.

Der Chinesisch - Englische Diktionär

Der tausendseitige „Chinese - English Dictionary", den ich in Peking benützte, heiterte öfters die Mühe des Nachschlagens und Suchens der Zeichen durch drastische Formulierungen auf, wie sie bei uns seit dem Ende des Zweiten Weltkrieges spurlos verschwunden sind: „The raging tide of revolution will sweep away all forces of evil!" Die Mächte der Finsternis heißen auf Chinesisch *gui guai*, „demons, ghosts & goblins"; es sind also die alten Märchengestalten, die einst die Phantasie des Volks belebten.

Bei fast allen *positiven* Wörtern, wie etwa: aufbauen, stärken, erheben, befreien, etc., fanden sich Anwendungsbeispiele aus der glorreichen Laufbahn der Partei, indes die *negativen* Wörter, wie etwa: zerbrechen, abreißen, samt der Wurzel ausjäten, etc., von Drohungen gegen Parteifeinde begleitet waren, gegen „renegades lurking in the revolutionary ranks". Je glänzender die Medaille, desto finsterer die Kehrseite.

Draußen, an den Mauern der Universitätsgebäude, waren Parolen und rotgemalte Zeichen schon nahezu verwittert, nur da und dort konnte man ihre verblichenen Umrisse noch ausmachen: „Mao, Vorsitzender, 10 000 Jahre!"

Auch die Lehrbücher der Peking-Universität hatte man ideologisch entrümpelt; doch ein umfassendes Wörterbuch fällt nicht so leicht unter den Tisch. Wie die riesige Mao-Statue auf dem Campus, deren steinerne Mantelschöße sich auch bei regloser Mittagshitze, erfaßt von einem Kunst-Wind, apart nach oben bogen, lastete der Diktionär auf seiner Unterlage und vermittelte uns, auch wenn es dem Dozenten peinlich war, jene Sprüche, die er am liebsten vor den Ausländern verborgen hätte. Was ihm fatal vorkam, diente uns zur Unterhaltung: so erscheint, je nach den Umständen des Betrachters, ein und dasselbe Ding als heilig, wahr, peinlich, lächerlich oder absurd.

Ich dachte an mein Lexikon aus der Barockzeit, das 50 Beschreibungen enthält, darunter die „Beschreibung der Geberdung eines zornigen Menschen", in der es heißt:

„Wann er stillschweigt/ so ist es ein ergrimmtes Stillschweigen/ welches er alle Augenblicke mit Seufftzern/ Aechtzern und grausamen Geschrey abbricht; sein Gesicht wird bald bleich/ bald roth/ und geschwillet/ und die Adern an der Stirn/ an den Schlaeffen/ und am Halß lauffen auff und werden voller Blut. Der Puls schlaegt ihm sehr geschwind und starck/ seine gantz erroethete Brust baeumet sich von den starcken Stoessen in die Hoehe/ und holet den Athem/ welcher ihm zu kurtz werden will/ mit gantzer Gewalt. Wer sollte aber das schuetteln deß Haupts/ das schlagen mit den Haenden/ die Bewegung der Arme/ das Stampffen mit den Fuessen/ und mit einem Wort/ alle die ungeberdige/ unanstaendige Bewegung des gantzen Leibs/ so er im Zorn thut/ genugsam beschreiben koennen."

Die Zeit, in der sogar Wörterbücher und Nachschlagwerke noch nährende Sprachsubstanz enthielten, kuriose, saftige Ausdrücke, naive Wendungen und phantastische Anspielungen, ist wohl endgültig vorbei. Im chinesischen Kaiserreich hatte ein Diktionär, der Generationen von Dichtern und Literaten inspirierte, den Titel „Wörter-Meer", und die Akademie in Peking, die statt Sinologen oder Germanisten „blühende Talente" und Kalligraphen hervorbrachte, hieß „Pinsel-Wald".

Indessen hat die Wissenschaft die Wörtermeere trockengelegt, die Kompendien sterilisiert und die Sekundärliteratur verödet. Wo früher Anekdoten, amüsante Hinweise und gewagte Vergleiche zu finden waren, erstrecken sich jetzt die Wüsten der *Apparate*.

Im „Chinese-English Dictionary" liefert die Propaganda den letzten, verkümmerten Unterhaltungswert. Wenn die

Verkörperung des Bösen, der *Klassenfeind* attackiert wird, erhebt sich noch einmal ein barockes Gespenst, das von einem „zornigen Menschen", einem ideologischen Gespenst, als „Ochsen-Teufel und Schlangen-Geist" apotrophiert wird, als Mitglied der „forces of evil, class enemies of all descriptions". Unlängst publizierte ein amerikanischer Verlag eine „gereinigte" Ausgabe unseres Lexikons, aus der alle Phrasen, die uns belustigten, verschwunden waren. Ihr gehört die Zukunft. Wir machten sie dem chinesischen Dozenten, dem sie ausnehmend gut gefiel, zum Geschenk. Von nun an wird er nicht mehr, im Lexikon blätternd, mit den Dämonen seiner Schulzeit konfrontiert werden. Die Wissenschaft wird siegen. Wie aus dem Winkelwerk der Häuser und Gassen werden die Geister aus den Büchern und aus den Gehirnen hinausgeworfen werden. Der „Pinsel-Wald" ist längst abgeholzt.
Adieu, ihr Ochsen-Teufel und Schlangen-Geister!

salzburger AV edition

FREUNDE UND FÖRDERER

lesen Sie bitte weiter über
die handsignierte Reihe der
salzburger AV edition

Band 1

Gerhard Amanshauser

LIST DER ILLUSIONEN
Bemerkungen

112 Seiten, 12×18 cm

ISBN 3 900 594 007

**Titelbild und Zeichnungen
von Harald Köck**

Die Genauigkeit und Folgerichtigkeit dieser Aufzeichnungen entspringt der Scharfsicht eines Geistes, der sich über Wahrheit und Illusionen, Bewußtsein und Selbsttäuschung, Moral und Gesetz mit Hilfe der Sprache Klarheit zu verschaffen sucht.

Neue Zürcher Zeitung

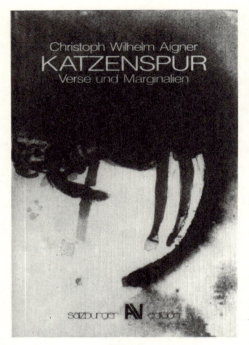

Band 2

Christoph Wilhelm Aigner

KATZENSPUR

Verse und Marginalien

126 Seiten, 12×18 cm

ISBN 3 900 594 015

**Titelbild und Zeichnungen
von Hermann Kremsmayer**

Im zweiten Band der Reihe, „Katzenspur", bestürzen Christoph Wilhelm Aigners Verse und Marginalien durch ihre abgrundtiefe, unerlöste Verzweiflung . . . wo wahre Poesie aufscheint, der man neben der Verzweiflung auch das Mit-Leiden an der Kratur glaubt.

Neue Zürcher Zeitung

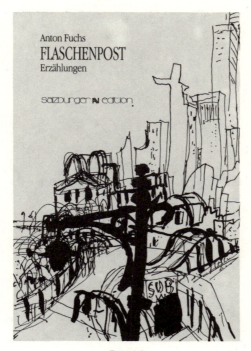

Band 3

Anton Fuchs

FLASCHENPOST
Erzählungen

110 Seiten, 12×18 cm
IBSN 3 900 594 023

Titelbild und Zeichnungen
von Rudolf Hradil

Anton Fuchs, seit vielen Jahren ein Geheimtip der österreichischen Lieratur schreibt schlichte, klare Prosa, winzige Geschichten. Fuchs steht in der österreichischen Erzählertradition eines Doderer oder Saiko. Sein Erzählungsband „Flaschenpost" ist illustriert mit wunderbaren Zeichnungen von Rudolf Hradil.

Neue Kronen Zeitung

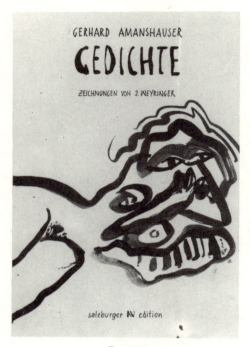

Band 4

Gerhard Amanshauser

GEDICHTE

80 Seiten, 12 × 18 cm
ISBN 3900 594 031

S 111,-/DM 16,-/sfr 14,-

**Titelbild und 25 Zeichnungen
von Johann Weyringer**

Kaum jemand wußte bisher, daß der scharfsichtige Denker
und Philosoph Gerhard Amanshauser auch Gedichte ge-
schrieben hat; Gedichte von großer Klarheit und poetischer
Dichte; Gedichte der Zuneigung, Resignation und Wut. Ein
seltener Band, mit selten schönen Zeichnungen von Hans
Weyringer.

Ernest Dyczek

TERMITEN

Erzählung

salzburger AV edition

Band 5

Ernest Dyczek

TERMITEN
Erzählung

80 Seiten, 12 × 18 cm
ISBN 3900 594 04X

S 111,-/DM 16,-/sfr 14,-

**Titelbild und Grafiken
von Stanislaw R. Kortyka**

Einer der größten polnischen Erzähler schuf mit „Termiten"
eine exemplarische Satire von tiefem Ernst, so tief, daß man
sich in die Lippen beißt und nicht weiß, ist es vor Lachen oder
Weinen. Die Termiten gehören ins Reich der polnischen
Fabel, in der alles angedeutet und nichts verschwiegen ist.

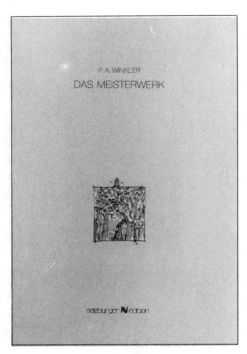

Band 7

P. A. Winkler

DAS MEISTERWERK

120 Seiten, Farbe, 21 x 29,7
ISBN 3-900594-06-6

P.A. Winkler und Ludwig Thoma: Zwei Pestbeulen auf dem
makellosen Körper der Weltliteratur.

Aus dem Nachwort

beachten Sie weiters
folgende Förderer

Daß das weiche Wasser
in Bewegung
mit der Zeit
den mächtigen Stein besiegt.
Bert Brecht:
Legende von der Entstehung
des Buches Tao te King

Wer jedoch in den Wechselfällen des Alltags
und im Berufsleben nicht den Bach
hinunterschwimmen möchte, muß sich wehren
können. Die Interessenvertretungen der
Arbeitnehmer, die Gewerkschaften und die
Kammer für Arbeiter und Angestellte leisten
Hilfe. Sei es in Bildungsfragen, im kulturellen
Bereich, in Angelegenheiten des Arbeits- und
Sozialrechtes, in der Lohnpolitik oder in Fragen
des Konsumentenschutzes. Und wo Gesetze
gemacht und vollzogen werden, achtet die
Kammer auf die Rechte der Arbeitnehmer.

Kammer für Arbeiter und Angestellte
Auerspergstraße 11, 5020 Salzburg
Tel.: 06 62 / 71 5 91

Amtsstelle Bischofshofen
Hauptschulstraße 16, 5500 Bischofshofen
Tel.: 0 64 62 / 24 15

Amtsstelle Hallein
Bahnhofstraße 6, 5400 Hallein
Tel.: 0 62 45 / 41 49

Amtsstelle Zell am See
Mozartstraße 5, 5700 Zell am See
Tel.: 0 65 42 / 37 77

Amtsstelle Neumarkt
Kirchengasse 1 b, 5202 Neumarkt
Tel.: 0 62 16 / 430

Du schmeckst mir

FEINER RAUCHEN

MILDE SORTE
FILTER

MILDE SORTE

MILDE SORTE

AUSTRIA TABAK

Warnung des Gesundheitsministers: Rauchen kann Ihre Gesundheit gefährden.

Wüstenrot

Wüstenrot dient einer Aufgabe: der Schaffung von familiengerechtem Wohnraum vor allem im Eigentum. Damit sind hohe Ansprüche gestellt. Denn „Wohnen" beeinflußt das gesamte soziokulturelle Umfeld des Menschen entscheidend.

Deshalb ist Kultur — oder besser noch: Kultiviertheit ein hohes Anliegen von Wüstenrot; Auseinandersetzung mit der modernen Massengesellschaft und dem vermehrt isolierten Menschen darin und der Versuch, dieser Isolation zu begegnen. Denn darauf hat Wüstenrot einen Anspruch: Bausparkasse Gemeinschaft der Freunde Wüstenrot lautet der vollständige Firmenname und impliziert die Partnerschaft: gemeinsam etwas leisten, gemeinsam etwas schaffen.

Diese positive Form einer Gemeinschaft will Wüstenrot durch „Initiative Wüstenrot" manifestieren, als Beweis für ein umfassendes Selbstverständnis und zur Herstellung einer logischen Beziehung zwischen Wüstenrot und Kunst.